Isabelle Dietzi

Werken und Spielen aus der
# Krims-Krams-Kiste

JoJo-Verlag, Zürich

© JoJo-Verlag, Zürich, 1998
mail: jojo-verlag@bluewin.ch
www.jojo-verlag.ch
8. Auflage, 2015
(Erstausgabe ISBN 3-9521445-0-9, 1997)

Alle Rechte vorbehalten
Einband und Textillustrationen: Isabelle Dietzi
Gedruckt auf chlorfrei gebleichtes Papier

ISBN 3-9521445-1-7

# Dank

Herzlichen Dank

an Maya Burkhard, die mich in der Entstehungszeit des Buches immer wieder neu unterstützt und motiviert hat.
Sie hat die Krims-Krams-Kiste mit vielen eigenen Ideen bereichert.

an das Redaktions-Team der Spielgruppen-Zeitung, die mir die Erlaubnis gaben, Ideen aus dem «Sammelsurium» für dieses Buch zu verwenden.

an die IG - Interessengemeinschaft Spielgruppe Schweiz, die mich in meiner Arbeit unterstützten.

an Werner Schwehr, Grafiker, der mir beim Layout und vielen computer-technischen Fragen eine grosse Hilfe war.

an Basil Ermatinger, der mir über eine lange Zeit seinen Computer zur Verfügung stellte.

an meine Familie, die grosses Verständnis aufbringen musste für die oft abwesende Mutter und Partnerin.

an Irene Ermatinger, Rosmarie Honegger, Peter Lather, Erich Kuster und Regula Thalmann für das Durchlesen des Manuskriptes.

an alle meine Freunde, die sich für das Buch interessierten, und die mich mit ihrer aufbauenden Kritik weiterbrachten.

# Einleitung

Warum die «Krims-Krams-Kiste»?

Bei zahlreichen Gesprächen mit SpielgruppenleiterInnen, KindergärtnerInnen und Eltern wurde mir bewusst, dass ein umfassendes Werk- und Spielbuch für Kinder im Vorschulalter fehlt.
In diesem Buch habe ich Rezepte, Vorschläge und Ideen gesammelt, die sich für das Werken mit Kindern bewähren und diese zum Teil neu ausgetüftelt, verändert oder vereinfacht.

Die meisten der hier verwendeten Materialien finden wir in unserem Alltag in Hülle und Fülle. Man denke nur schon an die vielen Glanzpapiere, die als Verpackungsmaterial dienen. Mit einem vielfältigen und interessanten Materialangebot können sich die Kinder - ohne unser Zutun - schöpferisch auseinandersetzen und sich kreativ ausdrücken. Dabei dürfen wir uns von den erfundenen Geschichten und neuentwickelten Gebilden immer wieder überraschen lassen. Da entsteht anstelle eines Schnee-Engels ein Eisbär, eine Schneehöhle, ... selbst wenn wir mit unseren Augen diese «Geschichten» als solche nicht erkennen und sehen können.

Bei allen Vorschlägen, auch wenn diese illustriert sind, steht nicht das Endprodukt, sondern das TUN im Vordergrund, vor allem in der Altersgruppe der 3 - 5 Jährigen. Darum: lassen wir der Kreativität genügend Spielraum!

Im Kapitel «Rund ums Jahr» sind saisonunabhängige Vorschläge enthalten. Damit das Buch benützerfreundlich ist, habe ich mich in den darauf folgenden Kapiteln, entsprechend den Materialien und Wetterbedingungen, an den Ablauf des Schuljahres gehalten.
Das Kapitel «Schatzkästchen» enthält Anregungen für Geschenke von Kindern an Kinder, zum Beispiel für den nächsten Kindergeburtstag.
Im Bewusstsein, dass nicht jedes Kind seine Kreativität am Werktisch auslebt, sondern auch im Rollenspiel, in der Bewegung, in der Musik,... habe ich diese Bereiche miteinbezogen.
Nach jedem Kapitel ist eine leere Seite für persönliche Erfahrungen und Notizen freigelassen. Dadurch kann das Buch zum persönlichen Arbeitsmittel erweitert werden.

Ich freue mich, wenn in der «Krims-Krams-Kiste» Anregungen gefunden werden, welche die Arbeit mit Kindern unterstützt und bereichert.

Isabelle Dietzi

# Inhaltsübersicht

| | |
|---|---|
| **Vorwort** | Seite 6 |
| **Rezepte** | 8 |
| **Rund ums Jahr** | 32 |
| **Jedem Anfang wohnt ein Zauber inne.** | |
| **Herbst** | 64 |
| **Advent** | 78 |
| **Winter** | 96 |
| **Fasnacht** | 108 |
| **Frühling** | 118 |
| **Ostern** | 128 |
| **Sommer** | 136 |
| **Schatzkästchen** | 150 |
| **Musik und Geräusche** | 174 |
| **Spielen mit allen Sinnen** | 186 |
| **Bezugsquellen** | 210 |
| **Inhaltsverzeichnis nach ABC** | 211 |
| **Inhaltsverzeichnis nach Themen** | 215 |

# Vorwort

Ein kleines Kind sitzt am Boden, vor sich einen faustgrossen Klumpen Lehm. Bis zu den Ellbogen lehmig-braune Arme und ebensolche Schuhe zeugen vom bisherigen Tun. Was folgt jetzt?

Zögernd vorerst wird mit den Händen über den glatten, schmierigen Lehm gestrichen. Spuren der Finger zeichnen sich ab, werden nochmals nachgezeichnet, verstärkt. Kühl fühlt sich der Klumpen an, geschmeidig, formbar. Das Kind kann mit einfachen Mitteln die Zeichen seines Tuns darauf hinterlassen. Kräftiger packen die Finger jetzt zu, graben sich in die gelb-braune Masse, durchlöchern sie. Der Lehm macht alles mit, lässt sich durchlöchern, vierteilen, wieder zusammensetzen. Schnell sind alle Spuren wieder verwischt. Jetzt wird mit der ganzen Faust auf den Klumpen gehauen, immer wieder: Eine flache, unregelmässige Platte entsteht. Die Finger fahren darüber und erkunden das neue Terrain, das hier entstanden ist. Kleine Steinchen streut unser Kind jetzt darüber, eine Landschaft entsteht, eine Steinwüste vielleicht oder eine Gartenlandschaft. Wir wissen es nicht, wir sind nur Beobachter.

Wieder fährt die Hand über das Material, ertastet, erkundet. Steinchen, die mit der Hand über den Lehm geschoben werden, ergeben Kratzspuren, neue Zeichen, eckige, scharfkantige; ganz anders als die Spuren der Finger. Sorgfältig werden alle Steinchen wieder aus dem Teig herausgeklaubt. Ein handgrosser, scharfkantiger Stein dient jetzt als Stift und auf der wieder glattgestrichenen Lehmplatte entsteht rasend schnell eine Kritzelzeichnung. Sie wird eine Weile betrachtet. Dann krallen sich die Finger der Hand wieder in den Lehm und entreissen ihm ein kleines Stück, das gerade in der Hand Platz hat.

Mit beiden Händen wird eine Kugel geformt, indem das Klümpchen zwischen beiden Handflächen gerollt wird. Die Kugel wird betrachtet, Daumen und Mittelfinger drücken daran herum, ein Würfel entsteht, erneutes Rollen: Die Kugel ist wieder hergestellt. Mit aller Kraft wird sie gegen die nahe Hausmauer geschleudert. Siehe da, sie bleibt kleben: Ein flacher Klecks an der Wand, ein weiteres Zeichen in der Welt des Kindes.

Was ich soeben als Beobachter zu beschreiben versucht habe, liesse sich aus verschiedenen Blickwinkeln betrachten: Die Mutter wird vielleicht liebevoll dem versunkenen Spiel des Kindes zuschauen, der Hauswart wird (im optimalsten Fall!) mit Sorge auf den Schandfleck an der Hausmauer schielen, der Jugendliche von nebenan wird vielleicht an Kindereien denken, einige aber (und unter ihnen Menschen wie Künstler oder auch Menschen, die sich professionell mit der kreativen Förderung anderer Menschen befassen) werden sogar ein wenig neidisch zuschauen. Was hier abgeht, davon träumen gestalterisch tätige Menschen: selbstverständliches, absichtsloses Spiel mit einem Material. Neuschöpfungen (die immer neue Zusammensetzungen von bereits vorhandenen Materialien sind) entstehen. Die «Welt» ist vor der Erstarrung in allzu feste Formen gerettet!

Materialien bereitzustellen, die schöpferische Taten zulassen, ist das Hauptanliegen des Buches von Isabelle Dietzi. Dass es sich dabei mehrheitlich um «Abfall» handelt, wertloses Zeugs, das wir normalerweise einfach in den Müll werfen, entspricht der Lebenswelt des Kleinkindes. Im Alltag, ausserhalb der Geburts- und Weihnachtstage, ist nicht der Spielwarenladen angesagt, sondern Mehl und Salz aus der Büchse in der Küche der Mutter, Wasser aus dem Hahn, alles mit dem Zauberstab gut vermischen und ...Simsalabim... entsteht der schönste Modellierteig. Magische Vorgänge spielen sich hier ab!

Die Krims-Krams-Kiste gehört neben dem «Entsorgungskonzept» mit Kompostkübel und Ochsner-Patent zum «Besorgungskonzept» des Haushaltes mit Kindern: «Besorgung» und Bereitstellen von Materialien für kreatives, gestalterisches, schöpferisches Tun (um diesmal die Worte aus der Erwachsenenwelt auszuleihen).

Das vorliegende Buch liefert Anregungen in Fülle: für Mütter, SpielgruppenleiterInnen, KindergärtnerInnen und alle, die mit kleinen Kindern zu tun haben. Die Ideen wurden ausprobiert und für gut befunden. Nicht nur zum Nachmachen, sondern auch zum Weiterentwickeln, modifizieren, verbessern, vereinfachen. Und dann? Die Materialien einfach zur Verfügung stellen und zuschauen! Was da alles passieren kann, ist manchmal eine zusätzliche Wäsche oder einen langsam wieder verblassenden Fleck an der Hauswand wert!

Peter Lather
Therapeut für Kinder und Jugendliche in Zürich

## Rezepte

9 Strassenkreiden

10 Zuckerkreide
Kreideaquarell

11 Farbiger Sand
Kreidesalz

12 Kleisterschmierereien

13 Mehlpäppchen-Leim
Styroporchips-Leim

14 Fingerfarben

15 Fenstertaschen

16 Schminke
Hexenfrisuren
Neocolor II
Schlick

17 Marmorieren für Kinder

18 Malen mit Pflanzen

19 Naturfarben für Finger
und Pinsel

20 Farben sprayen

21 Federn in Hülle und Fülle
Seifen

22 Färben mit Lebensmittelfarbe

23 Färben mit Batikfarben

24 Seifenmousse

25 Seifenblasen

26 Seifen

27 Eierkarton Knetmasse

28 Salzteig

29 Spielknete

30 Sirup selbstgemacht

31 Notizen

## Strassenkreiden

*2 -3 kg Gipspulver
(Modell- oder weisser Gips )
Gummischüsselchen\*
(Hobby-/Baumarkt) oder
Plastikbecken*

*Wasser
Plakatfarben
alte Holzkellen zum Rühren*

*Einweg-Plastik-Handschuhe oder
Plastikbecher oder
Plastiksäcke*

Pulver, Wasser und Farbe im Gummischüsselchen zu einem Brei verrühren. Sofort in die Handschuhe einfüllen und verknoten. Zum Trocknen an einer Schnur aufhängen. Die Finger haben die geeignete Grösse für Kinderhände und werden am Schluss abgebrochen.

Noch einfacher:
Auf dem Plastiksack Gips zu einem «Fladen» ausstreichen. Je nach Konsistenz bindet der Gips schneller oder langsamer ab. Wenn er hart zu werden beginnt, in Stücke schneiden oder brechen.

Jedes Kind kann seine Kreide auch selber herstellen. Dazu braucht es:
*1 dl Plastikbecher
eingefärbtes Wasser
Holzstäbe*

Becher zur Hälfte mit Wasser, den Rest mit Gips auffüllen. Wenn der Gips anfängt abzubinden, können die Kinder spüren, wie der Becher immer wärmer wird.

\*Gummischüsselchen zum Anrühren von Gips. Durch Drücken der Schüssel lassen sich die getrockneten Gipsresten leicht entfernen.

Wichtig:
Keine Gipsresten und Gipswasser in den Abguss giessen.

**Tip:**
Je nach Gipsqualität können die Kreiden wie Zuckerkreide behandelt werden.
→ Zuckerkreide S. 10

# Rezepte

## Zuckerkreide

*Wandtafelkreiden in verschiedenen Farben*

*Konfitüre-Gläser, 3 dl Zucker*

Glas mit Wasser füllen und 2 - 3 Esslöffel Zucker zugeben. In diese Mischung werden die Kreiden während einigen Stunden eingelegt.

Werden die Kreiden gebraucht, fischt man sie aus dem Zuckerwasser und legt sie zum Abtropfen auf Haushaltpapier. Reste und neue Kreiden wieder ins Wasser einlegen. So haben wir sie immer griffbereit.

### Tip:
Es lohnt sich, auch Strassenkreiden in Zuckerwasser einzulegen. Je nach Gipsqualität werden sie weicher und die Farben wirken intensiver.
→ Strassenkreide, S. 9

Diese Farben wirken wie Pastellkreide auf Papier. Auf der Wandtafel können die Kinder sowie die Erwachsenen leuchtend malen und zeichnen. Mit normalen, unbehandelten Kreiden wäre dieser Effekt nicht möglich.

Weisse Zuckerkreide auf schwarzem oder farbigem Papier wirkt wie eine Winterlandschaft.

→ Schneestürme, S. 103

## Kreide-Aquarell

*Tafelkreiden oder Zuckerkreiden*
*Wasserbecken*
*Schwamm*
*festes Zeichnungspapier oder Tapetenresten*

Zuerst nässen die Kinder das Papier mit dem Schwamm. Mit den Kreiden darf wild drauf los gemalt werden - die Farben wirken jedoch sanft und weich.

## Farbiger Sand

*100 g Chinchilla- oder
Vogelsand (aus der Tierhandlung)
6 Teel. Lebensmittelfarbe (flüssig)
6 Teel. Wasser*

Alles miteinander vermischen.

*oder*

*500 g Vogelsand
3 Teel. Lebensmittelfarbe (flüssig)
3 Teel. Wasser*

Alles miteinander vermischen.

Den gefärbten Sand auf einem Karton ausstreichen. An der Sonne oder im Winter auf dem Heizkörper trocknen lassen. Den trockenen Sand durch ein Sieb streichen, damit er wieder feinkörnig wird. Verschlossen aufbewahren.

→ Sandschmiererei,
→ Spurenlegen, S. 56

### Tip: Gewürzstreuer

mit Kreidesalz oder gefärbtem Sand einfüllen (evtl. Glimmer beimischen). So sind sie für viele Werke immer wieder griffbereit.

## Kreidesalz

*farbige Tafelkreiden
Bircherraffel oder
andere, feinere Raffeln
Salz*

Mit einer farbigen Tafelkreide und viel Salz erhält man ein wunderschönes Granulat. Die Kinder reiben die Kreiden an der Raffel, vermischen den Staub mit Salz und der Farbton ändert sich immer wieder.

# Rezepte

## Kleisterschmierereien

*Tapetenkleister (1 Teil)*
*Wasser (2 Teile)*

verschiedene Farbvarianten mit:
*Plakatfarbe*
*Lebensmittelfarbe*
*Tinte*
*Rot-, Blau-, Gelbholz-Farbsud*
*Randensaft*
*Krepp- oder Seidenpapier-Resten
(in der nötigen Menge Wasser aufgelöst)*

*Schwingbesen/Kellen*
*Plastikbecken*

*grosses, festes Papier*
*Tapetenreste oder*
*alte Kuchenbleche*

*Collagematerial aus der
Krims-Krams-Kiste*

Der Kleister wird von den Kindern mit farbigem Wasser zu einem dicken Brei angerührt. Mit Händen oder Pinseln können sie nach Herzenslust mit dem Kleisterbrei schmieren. Falls sich die Schmiererei in Grenzen halten sollte, kann ein Papierbogen in einem grossen Kuchenblech eingepasst werden.
Der Kleister kann auch farblos angerührt werden. Auf dem Papier mischen die Kinder die Farben mit dem Kleister. So wird experimentiert bis aus dem farbigen Bild eine grosse, braune Sauce entsteht.

Falls es zum Schluss doch noch farbig sein sollte, finden die Kinder bestimmt etwas Passendes aus der Krims-Krams-Kiste. Auf dem noch feuchten Kleister klebt fast alles!

**Tip:**
*1 Tasse Tapetenkleister*
*2 Tassen Wasser*
*1 - 2 Esslöffel Zucker*

alles miteinander vermischen. Der Zucker bewirkt, dass sich das Papier weniger rollt.

## Mehlpäppchen-Leim

*1,5 dl Mehl*
*3 dl Wasser*
*1/2 Teel. Salz*

Alle Zutaten miteinander mischen und aufkochen, bis die Masse durchsichtig wirkt.

Dieser Leim klebt so gut wie Tapetenkleister und ist absolut giftfrei. Wird er im Kühlschrank in einem verschlossenen Glas aufbewahrt, ist er einige Tage haltbar.

**Tip:**
Wenn man dieser Masse ca. 1/4 Teelöffel Weinsteinpulver (siehe die weiteren Informationen im Salzteigrezept, S. 28) oder Alaun zugibt, hält dieser Leim sogar wochenlang.

## Styroporchips-Leim

Die neuen, umweltfreundlichen und kompostierbaren Styroporchips haben eine beige Farbe, lassen sich flach zusammendrücken und haben meistens «Würstchenform». Mischt man diese Chips mit wenig Wasser, lösen sie sich auf. Wir erhalten einen Superkleber, der sich für alle Arbeiten anstelle von Tapetenkleister und Mehlpäppchen-Leim eignet.

# Rezepte

## Fingerfarben

giftfrei und schnell herzustellen

Auf den Fensterscheiben wirken sie zart und transparent. Lustvoll ist es, die gelatineähnlichen Farben auf grosse Blätter zu streichen oder ganze Fenster und Papierbogen damit zu bemalen.

Pro Farbe braucht es:

*2 gehäufte Teelöffel Maizena*
*2 dl Wasser*
*1 Teelöffel Lebensmittelfarbe (flüssig)*
*1/4 Teelöffel Weinsteinpulver oder Alaun (siehe Spielknete, S. 29)*

Maizena und Alaun mit Wasser auflösen. In einer kleinen Pfanne unter ständigem Rühren erhitzen, bis die Masse zu einem dicken Brei wird und durchsichtig wirkt.
Lebensmittelfarbe beigeben, mischen und ausprobieren.

**Tip:**
Falls die Fingerfarben sofort aufgebraucht werden, kann auf Alaun verzichtet werden.

→ Hyazinthenglas, S. 156

**Putztip:**
Am besten lässt sich die Farbe mit einer breiten Fenster-Abziehklinge entfernen. Dem Putzwasser noch ein wenig Spiritus beigeben.

Malen kann man auch auf einem transparenten Blumenpapier, das an den Rändern mit Klebstreifen auf dem Fenster aufgespannt wird. So erübrigt sich jegliches Putzen.

## Fierstertaschen

→ *Fingerfarben, S. 14*
*Zeigetaschen, Format A4 oder A3,
transparent (aus der Papeterie)*

Mit dem Fingerfarben-Rezept lassen sich auch Farbtaschen herstellen. Abgekühlte Farbe in eine Zeigetasche einfüllen und mit durchsichtigem Klebstreifen zukleben.
Die Taschen ans Fenster hängen, damit die Kinder Muster darüber streichen können. Durch die Lichteinwirkung entstehen verschiedene Farbschattierungen.
Werden mehrere Taschen mit unterschiedlichen Farben übereinandergehängt, ergeben sich immer wieder neue Farbkombinationen.

# Rezepte

## Schminke

*Pro Farbe:*

*1 Essl. Babypuder oder*
*1 Essl. Talkpuder*
*1 Essl. Nivea-Hautcreme*

*Lebensmittelfarbe flüssig oder trocken*

Puder und Nivea-Creme miteinander vermischen, bis die Masse glatt und ohne Klümpchen ist. Lebensmittelfarbe (trocken oder flüssig, je nach Konsistenz der Creme) beigeben und bis zur gewünschten Farbintensität einfärben.

Die Schminke lässt sich mit einem feuchten Waschlappen entfernen.
In Kosmetik-Töpfchen aufbewahren oder mit den Resten auf Papier malen.

**Tip: Hexenfrisuren**
sind vielleicht auch einmal erwünscht. Für diesen Fall eignet sich das Fingerfarben-Rezept besonders gut, welches ohne Alaun zubereitet werden kann.
→ Fingerfarben, S. 14

## Schlick

aus der Töpferei, ist für Kinder ein besonders sinnliches Erlebnis. Die kalte, feuchte Tonfarbe kann auf Gesicht und Körper verstrichen oder das Haar zu aussergewöhnlichen Frisuren geformt werden. Die Kinder sehen aus, wie Papua-Eingeborene. Ist die Farbe trocken, bröckelt sie langsam ab und der Zauber ist vorbei.

## Neocolor II

von Caran d'Ache werden zwar nicht zum Schminken verkauft, eignen sich jedoch besonders gut. Sie schmieren nicht und lassen sich problemlos abwaschen. Trotzdem sollte auf hautallergische Reaktionen geachtet werden. (Bis jetzt haben Spielgruppenleiterinnen und Kindergärtnerinnen gute Erfahrungen gemacht).

## Marmorieren mit Kindern

Für eine Farbe brauchen wir:

*1 dl Speiseöl, mit
1 Messerspitze Lebensmittel-
farbenpulver vermischt*

*Wasser
evtl. 1 Teelöffel Tapetenkleister
Kuchenblech*

*Pipetten oder Aufziehspritzen
Trinkhalme
Holzspiesschen oder Stricknadeln*

Lauwarmes Wasser mit wenig Tapetenkleister mischen und ins Kuchenblech füllen. Mit der Pipette wenig von den verschiedenfarbig eingefärbten Ölfarben auf die Wasseroberfläche tropfen.

Die Kinder können mit Hilfe der Holzspiesse die entstandenen Öläugen verziehen und strecken oder mit den Trinkhalmen sanft hineinblasen. Das Bild wird so immer wieder verändert. Legt man nun ein Blatt Papier auf die Oberfläche und zieht dies vorsichtig an den Ecken hoch, wird dieses Bild auf Papier festgehalten.
Ein weiteres Blatt kann auf die Oberfläche gelegt werden. Wenn die Farben nicht mehr kräftig genug erscheinen, beginnen wir wieder von vorne.

Bilder auf Zeitungspapier zum Trocknen auslegen.

→ Siehe Buchumschlag

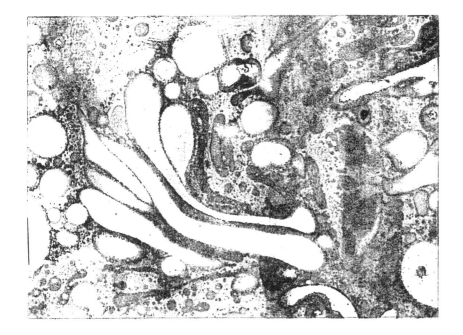

Rezepte

**Malen mit Pflanzen**

Wir brauchen nicht immer Farbstifte, Pinsel oder sonstige Malutensilien. Man kann mit Blumen und Gräsern direkt auf das Papier malen.
Zum Beispiel:

*grüne Farbe:*
Löwenzahn, Gras, grüne Blätter

*violett und blau:*
Glockenblume, Schafgarbe

*rot, rosa:*
Rosenblätter

*gelb:*
Hahnenfuss, Frauenmantel

Streift durch den Garten und experimentiert welche Blüten und Blätter, welche Farben abgeben.

**Tip:**
Pflanzen in einem Mörser zerdrücken und mit dem entstandenen Saft und Pinseln malen.

## Naturfarben
### für Finger und Pinsel

Aus Blumen, Gräsern oder Erde brauen wir in unserer Hexenküche interessante Farben.

Was für ein lustvolles Erlebnis, aus all den Zutaten eine Farbe selber zu mischen, mit Tapetenkleister anzureichern und die Hexenfarbe gleich auszuprobieren!
Natürlich gibt es in einer echten Hexenküche auch giftige Pflanzen, auf die wir die Kinder unbedingt aufmerksam machen müssen.

Wir brauchen:
*eine Pfanne*
*Holzkellen*
*dickes Papier, Halbkarton, Tapetenresten oder grosse Kuchenbleche*

Braune Farbe
*erhält man, wenn*
*2 - 3 Esslöffel Erde mit wenig Wasser vermischt werden.*

Grüne Farbe,
*wenn eine grosse Tasse blauer und gelber Blumen mit 1 dl Wasser aufgekocht werden.*
*5 - 10 Min. köcheln lassen.*
*Brühe in ein Gefäss absieben.*

Rote Farbe,
*wenn eine grosse Tasse Rosenblätter mit 1 dl Wasser aufgekocht wird.*
*5 Min. köcheln lassen und Brühe in ein Gefäss absieben.*

Gelbe Farbe,
*wenn eine grosse Tasse gelber Blumen, z.B. Hahnenfuss oder Hornklee mit 1 dl Wasser aufgekocht wird.*
*5 Minuten köcheln lassen.*
*Brühe in ein Malgefäss sieben.*

**Tip:**
Sämtliche Farben können auf zwei Arten verdickt werden:

Variante 1:
*Tapetenkleister (1 Teil)*
*eingefärbtes Wasser (2 Teile)*

miteinander mischen.

Variante 2:
*1 - 2 Essl. Maispuder (Maizena)*
*2 dl eingefärbtes Wasser*

auf kleinem Feuer kochen bis der Brei eine glasige Konsistenz erhält.
Mit Pinsel, Finger und Füssen malen.

## Rezepte

### Farben sprayen

*leere Sprayflaschen
z.B. Fensterputzspray, Blumen-
sprühflasche, Wäschebenetzer,
Flaschen von Joghurt-Drinks,
wenn man mit einer heissen Nadel
2 - 3 Löcher in den Deckel sticht.*

*6 Esslöffel Plakatfarbe
1/2 l Wasser
Schwingbesen
Becken
1 Trichter*

Farbe und Wasser zuerst mit einem Schwingbesen gut verrühren bis alle Farbklumpen aufgelöst sind. Mit Hilfe eines Trichters in die Sprayflaschen einfüllen.

Diese Farben verwenden wir für Sprayen auf Papier und Stoff, Schnee oder zum Konturensprayen.

→ Konturensprayen,
→ Stoff sprayen, S. 57
→ Schnee im Farbkleid, S. 99

## Federn färben

*Enten - oder Hühnerfedern (erhältlich bei einem Polstergeschäft) oder ein billiges Zierkissen*

*1/2 Liter Wasser Lebensmittelfarbe (trocken oder flüssig) je nach gewünschter Farbintensität beigeben*

*Tüllstoff oder alter, engmaschiger Gardinenstoff oder feines Sieb*

In den Tüllstoff die Federn einpacken oder kleine Säckchen (ca. 20 x 30cm) nähen. Wasser aufkochen, Pfanne vom Feuer nehmen und Lebensmittelfarbe zugeben. Die Säckchen ca. 15 Min. in das Farbwasser tauchen. Herausnehmen, abtropfen und trocknen lassen. Am Schluss den Haarföhn in das Säckchen stecken und schnell auflockern.

In diese Säckchen können wir auch andere Materialien einfüllen. So haben wir immer die Möglichkeit schnell etwas einzufärben. Das Farbwasser in Konfitüregläsern aufbewahren.

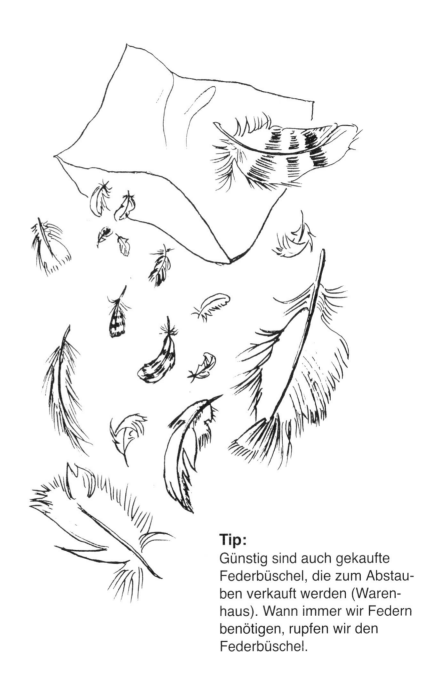

**Tip:**
Günstig sind auch gekaufte Federbüschel, die zum Abstauben verkauft werden (Warenhaus). Wann immer wir Federn benötigen, rupfen wir den Federbüschel.

# Rezepte

## Färben mit Lebensmittelfarbe

*1 Teel. Lebensmittelfarbe (Pulver)*
*2 Liter heisses Wasser*
*alte Gefässe*
*Löffel und Kellen*

Zum Färben von:
*Collagematerial wie:*
*Hölzchen, Holzwolle, Hobelspäne,*
*Stoffresten, Hanf, Kerne,*
*Eierschalen, Teigwaren, Katzen-*
*streu aus Recyclingpapier etc.*

Die Farbe im Gefäss anrühren und abkühlen lassen.
Die Kinder streuen das Material ein und rühren mit den Kellen so lange bis die Farbe angenommen ist. Die so eingefärbten Gegenstände können nach dem Trocknen als Collagematerial in neuen Farben verwendet werden.

Das gefärbte Wasser in Konfitüregläsern aufbewahren und für Mal- und Fingerfarben, Salzteig usw. weiterverwenden.

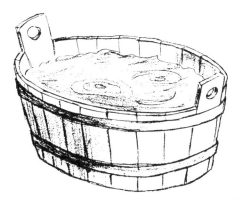

## Färben mit Batikfarben

*Batikfarben in 30 Farbabstufungen (Drogerien und Malfachgechäfte)*

*zum Färben von:*
*Baumwoll- und Gazestoffen*
*Windeln*
*Putzfäden*
*und Collagematerial wie:*
*Holzwolle, Holzabschnitte, Hobelspäne, Hanf, Katzenstreu aus Recyclingpapier, Maiskolben-Blätter, Wäscheklammern, Gazebänder, Baumwollgarn-Knäuel, Schnur*
*in Streifen gerissenes Leintuch, Staubsaugersäcke, Kaffeefilter*

Die Batikfarben nach Anweisung in einem Plastikbecken (kein Metall) anrühren. Leider gehören auch diese Farben, wie fast alle Textilfarben, der Giftklasse 5 an. Die Farben sind für den Menschen direkt nicht gefährlich, belasten jedoch unsere Umwelt.
Darum: Farbreste nicht wegschütten, sondern in geschlossenen Behältern - für Kinderhände unerreichbar - aufbewahren.

So halten sich die Farben einige Wochen und wir können immer wieder schnell und einfach neues Collagematerial einfärben.

Als Fixiermittel bei Stoffen eignet sich Essigwasser
(1/2 Glas pro Liter)

## Rezepte

### Seifenmousse

Eine Fingerfarbenwonne in der Kindergruppe und eine Badefreude in der Badewanne.

*Seifenflocken*
*Wasser*
*evtl. Lebensmittelfarbe, flüssig*
*Schwingbesen*

Die Seifenflocken mit wenig Wasser und dem Schwingbesen aufschäumen, bis eine dicke, cremeartige Mousse entsteht.
Lebensmittelfarbe beigeben und nochmals kräftig rühren.

Zum Malen, Körperschminken oder einfach nur, um das Mousse durch seine Finger streichen zu lassen.

→ Seifenflockenschnee, S. 103

## Seifenblasen

Ueber diese Farben- und Formenpracht staunen die Kleinen und die Grossen.

*1 Liter Wasser*
*500 g Zucker*
*750 g Hakawerk-Neutralseife (erhältl. in der Drogerie/Apotheke)*
*25 g Tapetenkleister (mit Methylcellulose) erhältlich beim Hobby-/Baumarkt*

### Seifenblasen-Ring

*dicker, farbiger Elektrodraht*
*Zange*

Das Wasser aufkochen und mit dem Zucker vermischen, bis er sich aufgelöst hat. Wenn das Zuckerwasser lauwarm wird, geben wir Neutralseife und Tapetenkleister dazu. 24 Stunden stehen lassen.

Den Elektrodraht zu einem Ring und die Drahtenden zu einem Stiel formen.

*9 Liter Wasser*
*hinzufügen und umrühren.*

Lagerung:
In gut verschliessendem Plastikbehälter, an einem kühlen Ort, ist diese Lauge sehr lange haltbar.

*Blumentopf-Untersätze oder Plastikbecken füllen*

→ Seifenblasen einfangen, S. 53

Die Seifenblasen gelingen nicht mehr gut, wenn es auf der Oberfläche zu viel Schaum hat. Zwischendurch sollte man ihn abschöpfen.

**Tip:**
Hakawerk Neutralseife ist die beste Grundlage für das Gelingen von selbstgemachten Seifenblasen.

# Rezepte

## Seifen

*250 g Seifenflocken*
*3 Teel. Mandel- oder Babyöl*

*1 Teel. Pinienölessenz und*
*1 Teel. grüne Lebensmittelfarbe*
*oder*
*1 Teel. Lavendelölessenz und*
*1 Teel. blaue Lebensmittelfarbe*
*oder*
*1 Teel. Rosenölessenz und*
*1 Teel. rote Lebensmittelfarbe*
*oder*
*1 Teel. Zitronenölessenz und*
*1 Teel. gelbe Lebensmittelfarbe*

*6 Essl. heisses Wasser*

Seifenflocken und Duftessenz vermischen.
Das heisse Wasser mit der flüssigen Lebensmittelfarbe zu den Seifenflocken geben und gut durchkneten.

Die geformten und gekneteten Gebilde trocknen lassen. Es empfiehlt sich eine Lagerzeit von einigen Monaten (z.B. im Kleiderschrank). Frische Seifen sind sehr schnell aufgebraucht.

**Tip:**
Seife auswallen und mit Guetzli-Förmchen ausstechen.

## Eierkarton Knetmasse

*viele Eierkartons*
*Tapetenkleister*
*Wasser*
*grosse Becken oder Putzkübel*

Zusammen mit den Kindern, Eierkartons in kleine Stücke zerreissen. In einem grossen Plastikbecken mit heissem Wasser übergiessen und 1 - 2 Tage einweichen.
Die aufgeweichten Eierkartons durch ein Sieb abgiessen und ausdrücken. Der Masse soviel Kleisterpulver beigeben bis sich die nötige Konsistenz bildet. Ein 10 Liter Eimer Masse benötigt ca. 1 Paket Tapetenkleister.
Die Masse nach Wunsch mit Plakatfarbe einfärben.

Was die Kinder mit dieser Papiermasse machen, darf ganz ihnen überlassen werden. Dabei entstehen von selbst die verrücktesten Gebilde, Landschaften oder die fantasiereichsten Fabelwesen. Die Krims-Krams-Kiste bietet dazu alles, um dem Gebilde den nötigen Zauber zu verleihen.

Als Beispiel:
*Tannzapfen, Zweige,*
*Rollen, Fadenspulen,*
*Gemüsenetzchen, Stoffresten,*
*Papierresten,*
*Plastikdeckel,*
*Glimmer, Lametta,*
*Geschenkbändelchen etc.*

**Tip:**
Papierstreifen aus dem Aktenvernichter oder Papierabschnitte aus der Druckerei eignen sich ebenso für eine Knetmasse.

# Rezepte

## Salzteig

ist eines der beliebtesten Knetmaterialien in einer Kindergruppe oder auch zuhause. Gerade die Knetherstellung ist für die Kinder spannend. Zuerst wird Salz und Mehl vermischt und zu einem grossen Berg aufgebaut, dann in die Bergspitze ein Loch gegraben und Wasser hineingegossen. Die Masse wird nochmals zusammengeknetet, wieder zu einem Berg geformt und alles fängt wieder von vorne an, bis wir einen Salzteig haben, der nicht mehr an den Fingern klebt.

Grundrezept pro Kind:
*1 Tasse Mehl (3 dl oder 200 g)*
*1/2 Tasse Salz (1,5 dl oder 200 g)*
*1 - 1,5 dl Wasser*
alles mischen und zu einem Teig verarbeiten.

Färben des Teiges:
*der benötigten Wassermenge können folgende Farben beigegeben werden:*

*Lebensmittelfarbe*
*Krepp-/Seiden-Papier-Wasser*
*Randensaft*
*Plakatfarbe*
*Blau-/Rotholzsud*

## Spaghetti machen

*einige Knoblauchpressen*
*Spielknete oder Salzteig*

Spaghetti - selbstgemacht und in allen Farben - «schmecken» am besten!

Aufbewahrung:
Im Kühlschrank, luftdicht verpackt, während einigen Tagen möglich. Vor Gebrauch jeweils mit wenig Mehl durchkneten.

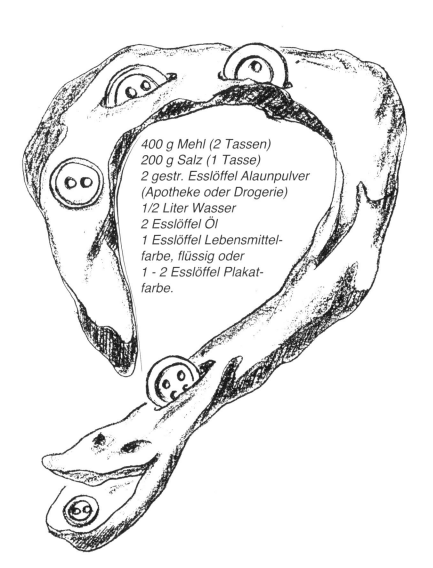

400 g Mehl (2 Tassen)
200 g Salz (1 Tasse)
2 gestr. Esslöffel Alaunpulver
(Apotheke oder Drogerie)
1/2 Liter Wasser
2 Esslöffel Öl
1 Esslöffel Lebensmittelfarbe, flüssig oder
1 - 2 Esslöffel Plakatfarbe.

## Spielknete

Mehl und Alaun in einer grossen Schüssel vermischen. Wasser mit Salz aufkochen (am besten in einer Pfanne mit Antihaftbelag). Öl und Farbe beigeben. Pfanne vom Feuer nehmen und das Mehlgemisch unterrühren, bis sich der Teig von der Pfanne löst.

Aufbewahrung:
Im Plastiksack oder in einer Plastik-Frischhaltebox, monatelang haltbar (auch ohne Kühlschrank).

### Tip:
Anstelle von Alaun kann auch Weinsteinpulver (bei den Apothekern und Drogisten heisst es Kaliumhydrogentartrat) verwendet werden. Allerdings ist das Pulver doppelt so teuer wie Alaun und der Teig riecht nach faulen Eiern, wenn blaue Plakatfarbe verwendet wird.

# Rezepte

## Sirup - selbstgemacht

Dieses Rezept eignet sich besonders gut für eine Kindergruppe, weil nichts gekocht werden muss.

*1 Liter Wasser*
*20 g Zitronensäure*
*1 kg Beeren*

Wasser mit Säure mischen und über die Beeren giessen.
24 Stunden stehen lassen, sieben.

*1 Liter Saft und*
*1 kg Zucker mischen bis der Zucker gelöst ist,*

Den Sirup in Flaschen abfüllen und verschliessen.

## Tip:
Anstelle von Beeren können wir auch Pfefferminze, Holunderblüten und Zitronenmelisse verwenden.

**Notizen**

Rund ums Jahr

| | | |
|---|---|---|
| 33 Collage-Material | 48 Ich-Insel | 59 Eierkartongärtchen<br>Karottengärtchen |
| 34 Wundergarten | 49 Sinnesstrasse | |
| 35 Schlangenmonster | 50 Ton und Wasser | 60 Znüni essen<br>Seerose<br>Apfelringchen<br>Zauberapfel |
| 36 Schiffchen | 51 Gewürz-Collagen<br>Duftsäckchen<br>Riechschachtel | |
| 37 Weben | | |
| 38 Sonnenrad | 52 Wetterröhren<br>Farbfenster<br>Farbbrillen | 61 Orangen-Schildkröte<br>Orangen-Blüte<br>Mandarinen-Schlange |
| 39 Holzbrettchen-Bild | | |
| 40 Eierschalen-Mosaik | 53 Seifenblasen einfangen | 62 Clown-Apfel<br>Hunde-Birne<br>Krokodil |
| 41 Steinzeit | 54 Zauberbilder<br>Tupfenbilder | 63 Notizen |
| 42 Halsketten | | |
| 43 Kronen | 55 Rubbelbilder<br>Murmeln malen | |
| 44 Clown-Schuhe<br>Clown-Nasen | 56 Sandschmiererei<br>Spuren legen | |
| 45 Hüte | 57 Konturensprayen<br>Stoff sprayen | |
| 46 Kugelbahn | | |
| 47 Handpuppe<br>Knotenpuppe | 58 Stempeln | |

## Collage-Material aus der Krims-Krams-Kiste

Mit diesen Materialien lässt sich gut experimentieren und gestalten. Die Fantasie wird nicht nur in Kleinkindergruppen sondern auch zuhause oder überall wo Kinder betreut werden, angeregt. Eine solche Krims-Krams-Kiste ist schnell mit gesammelten Gegenständen - die sonst weggeworfen würden - gefüllt. Folgende Materialien brauchen wir immer wieder:

Stoffschnipsel
Bänder
Putzfäden
Watte
Früchte-Netzchen
Glitzerstoff-Resten
Wollresten
Papierfetzchen
Pralinen-Papier
Glitzerpapier
Weihnachtspapier-Resten
Geschenkbänder-Resten
Knöpfe
Zahnstocher, Streichhölzer
Eierkartons

Schachteln
Dosen mit Deckel
Ballone
Konfetti, Fasnachtsschlangen
Schaumstoff-Geschirrabtropfmatten
Flaschendeckel
Filmrollenhülsen
Toiletten-/Haushaltpapierrollen
Styroporchips /-resten
Korkzapfen
Fadenspulen
Pfeifenputzer
Bierdeckel
Lametta
Pelzreste
Ostergras
Holzreste

## Naturmaterial

Moos
Ästchen
getrocknete Blumen
Muscheln
Steine
Bohnen, Linsen
Kirschen-, Zwetschgensteine
Kerne, Körner
Federn
Tannzapfen
Schneckenhäuschen
Eierschalen
gepresste Blätter

Rund ums Jahr

## Wundergarten

Dieser Wundergarten lädt zu einem spannenden Fingerspaziergang ein.

*1 grosser Karton*
*doppelseitiges Teppichklebband*

*Collagematerial aus der*
*Krims-Krams-Kiste*
*Streichholzschachteln*
*Knöpfe*
*Früchte-/Gemüsenetzchen*
*Korkzapfen*
*Flaschendeckel*
*Pelzresten*
*Schmirgelpapier*
*Stoffresten*
*Papierresten*
*Wolle*
*Konfetti*

Den Karton mit Teppichklebband bekleben. Die Kinder setzen eine Fülle von unterschiedlichsten Materialien aus der Krims-Krams-Kiste auf die Streifen. Falls noch Klebstellen übrig bleiben, diese mit einer Ladung Konfetti ausfüllen. So kann ein ganzer «Wundergarten» geschaffen werden. Mit geschlossenen Augen spazieren die Finger über das Entstandene und erforschen auch die hinterste Ecke.

## Schlangenmonster

*grosser, fester Papierbogen*
*Schnur und Nadel*
*Tapetenkleister (1 Teil)*
*Wasser (1,5 Teile) oder*
*selbstgemachte Leime*
*Plakatfarbe*

*Collagematerial aus der*
*Krims-Krams-Kiste:*
*Papierfetzen*
*Wollresten*
*Putzfäden*
*Styroporchips*
*Federn, etc.*

**Tip:**
Dem Kleister 1 - 2 Esslöffel Zucker beigeben, damit sich das Papier weniger wellt.

Den Karton falten wir zuerst wie eine Ziehharmonika und legen den Bogen wieder flach auf den Tisch. Die Kinder tragen den eingefärbten Kleister dick auf die ganze Fläche und setzen das Collagematerial auf das Papier. Wenn das Ganze trocken ist, schneiden wir den Bogen in gleich viele Bahnen wie es Kinder hat.

Am Schluss ziehen wir bei jeder Bahn eine Schnur durch und biegen das Monster noch zurecht.
So können viele Kinder gleichzeitig mit ihrem neugeborenen Schlangenmonster spazieren gehen.

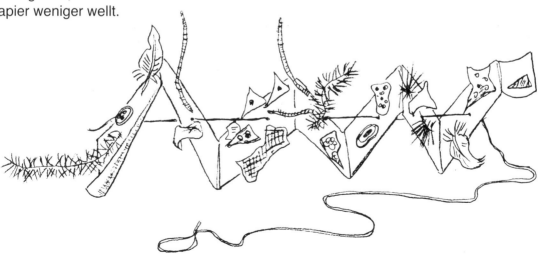

Rund ums Jahr

## Schiffchen

*Eierkartons*
*Tapetenkleister (1 Teil)*
*Wasser (1,5 Teile) oder*
*selbstgemachter Leim*

*Collagematerial aus der*
*Krims-Krams-Kiste:*
*Korkzapfen*
*Flaschendeckel*
*Zahnstocher*
*Trinkhalme*
*Drahtstückchen*
*kleine Zweige*
*Styroporchips*
*Toiletten-Rollen*
*Watte*

Die Vertiefungen des Eierkartons mit Kleister füllen und mit dem Material beladen oder vollstecken.

Kapitän:
Korkzapfen mit aufgeklebtem Flaschendeckel als Hut.

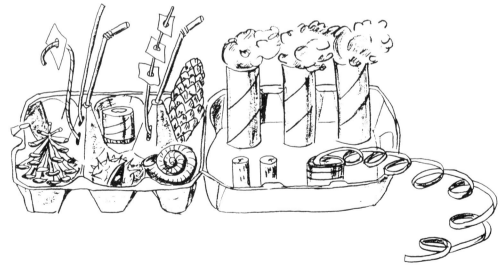

## Weben

*Vogelschutznetz*
*Hasengitter*
*Netz-Teppichunterlage*
*Holzstäbe oder Holzrahmen zum Einspannen*

Webmaterial:
*Vogelfedern*
*Stoffstreifen*
*Wollresten*
*Geschenkbändelchen*
*Girlanden*
*Ästchen*
*Grashalme*

Dieser Webrahmen kann überall hängen. Alles was im Freien gefunden wird, kann immer wieder neu eingewoben werden. Hängt er im Raum, stellen wir eine Schachtel mit Webmaterial bereit. Alle Kinder können sich so am entstehenden Bild beteiligen.

Rund ums Jahr

## Sonnenrad

*ein altes Velorad*

Webmaterial:
*Stoffbänder
dicke Wollfäden
Streifen von Plastiksäcken
Glimmergirlanden
Krepp-Papier-Streifen
Gemüsenetzchen
Fasnachtsschlangen
Glöckchen
etc.*

Beim Velohändler ein ausgedientes Velorad besorgen. Diese nun am Gartenzaun oder am eigens dafür eingeschlagenen Pfahl befestigen. Stellen wir einen Korb mit den verschiedenen Materialien daneben, beginnen die Kinder bald mit dem Flechten des Sonnenrades.

Wenn sich das Rad dreht, vermischen sich die Farben.

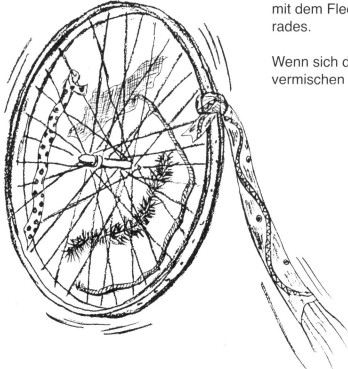

## Holzbrett-Bild

*Holzbrett*
*Nägel, Hammer*
*Weissleim*
*Wolle*
*Gummibänder*
*Geschenkbändelchen*
*Silber- und Goldfäden*

Die Nägel werden von den Kindern mit viel Schwung in die Brettchen gehämmert. Die Fäden und Gummibänder können kreuz und quer um die Nägel gezogen werden.

Vielleicht ertönt von da und dort ein «Harfen»-Geräusch, wenn die Kinder an den Gummibändern zupfen.

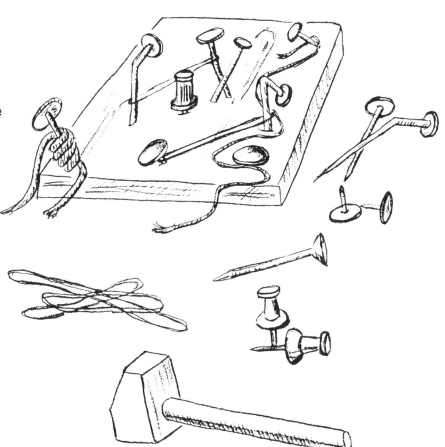

# Rund ums Jahr

## Eierschalen-Mosaik

*gewaschene Eierschalen*
*Tapetenkleister (1 Teil)*
*Wasser (2 Teile)*

Färben mit:
*Lebensmittelfarbe,*
*Plakatfarbe oder*
*Farbe von Naturhölzern*
*Halbkarton oder dickes Papier*

Die gewaschenen Eierschalen auf einem Tuch ausbreiten und trocknen lassen.
Die Kinder zerdrücken die Schalen und kleben die entstandenen Splitter auf das Papier.

**Tip:**
Diese Splitter können auch auf eine Klebfolie aufgeklebt werden.
→ Fasnachtsfenster, S. 112

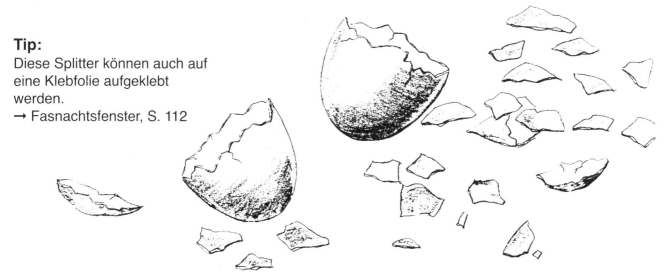

## Steinzeit
**...aber bitte keine Marienkäfer für den Muttertag und keinen Briefbeschwerer für den Vater...**

Für die Kinder ist das Spielen und Spüren, das Erleben und die Erfahrung wichtig - und nicht unser Wunsch nach einem schönen Endprodukt.

### Steinladen

Die Kinder richten sich einen Verkaufsladen auf einem Tuch oder in einer Schachtel ein. Angepriesen werden viele Steine in verschiedenen Grössen und Farben.

### Zaubersteine

Das Angebot wird noch attraktiver, wenn die Steine als Zaubersteine verkauft werden. Ein Zauberspruch - ins Wasser tauchen - und schon sehen sie ganz anders aus.
Mit Butterpapier oder Speiseöl eingerieben, wirkt der Zauberspruch noch länger.

### Funkelsteine

Weisse Feuersteine aneinanderschlagen. Jetzt sprühen die Funken und ein schwefliger Geruch breitet sich aus. Besonders geheimnisvoll sieht es im Halbdunkeln aus.

### Steinturm

Ganz viele Steine aufeinandertürmen bis ein grosser Steinturm entsteht.

### Autos

Mit ein wenig Fantasie wird, je nach Form und Grösse, ein Stein zu einem schnittigen Sportwagen, einem Lastwagen, oder...

### Sanfte Steine

Mit einem Schleifpapier die Steine abschleifen, bis sie sich ganz fein anfühlen.

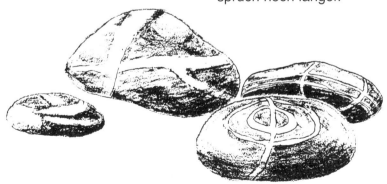

## Halsketten

*Styroporchips*
*Knöpfe*
*Seiden- und Tortenpapierresten*
*Teigwaren*
*Flaschendeckel (vorgelocht)*
*Gemüsenetzchen*
*Trinkhalme in vielen Farben*
*Holzperlen von Autositzen*
*Moosgummi-Resten*
*Schwämme, Schaumstoff-*
*Geschirrabtropfmatten,*
*Scheren und Zickzackscheren,*
*um Stücke zu schneiden*

*Faden, dünnes Garn (Enden in Wachs/Leim tauchen), Gummifaden oder Draht*

*lange, stumpfe Nähnadeln*

Lieber stellen wir den Kindern billiges - sogenannt wertloses - Material zur Verfügung als teure Glas- und Holzperlen, die sie nach getaner Arbeit wieder in die Schachtel zurücklegen müssen. So können die Ketten beliebig lange getragen werden.

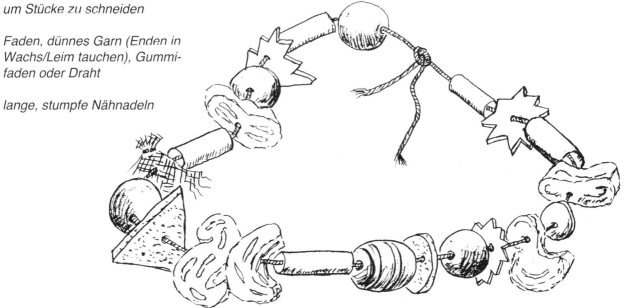

## Kronen

*Wellkartonstreifen:*
*ca. 5 cm breit, 60 cm lang*
*Bostitch*
*Trockenblumen*
*Blätter*
*Gräser*
*Federn*
*Pfeifenputzer*
*Elektrodraht*
*Trinkhalme*
*Styroporchips*
*Papierfetzchen*

Wellkartonstreifen, gemäss Kopfumfang des Kindes, zu einer Krone heften. Die Kinder stecken die verschiedenen Dinge in die Löcher des Wellkartons.

Rund ums Jahr

## Clown-Nasen

*Eierkartons*
*Gummiband*
*Farbe*
*Cutter, Schere*

Aus den Eierkartons schneiden wir «Nasen» aus, welche die Kinder bemalen. Trocknen lassen und Gummiband befestigen.

## Clown-Schuhe

Ein wichtiges Verkleidungsutensil, welches in jeden Theaterkoffer gehört.

*1 Paar alte Herren- oder Damenschuhe pro Kind*

*Plakat- oder Acrylfarbe*
*Weissleim*
*Collagematerial wie:*
*Stoffschnipsel*
*Knöpfe*
*Putzfäden*
*Fruchtnetzchen*
*Lametta*
*Ballone*
*Glöckchen*

Die Kinder bemalen und bekleben die Schuhe. Als besonderen Gag wird mit einer Sicherheitsnadel ein Glöckchen oder ein nur wenig aufgeblasener Ballon an den Schuh gesteckt.

Da die Schuhe zu gross sind, können die Kinder ihre Schuhe anbehalten und so jederzeit in die Clown-Schuhe schlüpfen.

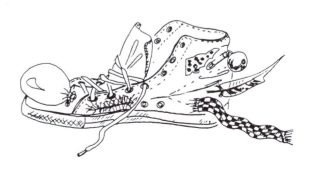

## Hüte

*Stoffstücke oder
1 Gazewindel
Tapetenkleister (1 Teil)
Wasser (2,5 Teile)*

*Plastikschüssel,
aufgeblasene Ballone oder
entsprechend geformte
Zeitungspapierkugel
in Kopfgrösse*

*verschiedene Materialien zur
Verzierung des Hutes, wie z.B.
Ping-Pong-Bälle (zur besonderen
Formgebung des Hutrandes)
Girlanden
Federn
Stoffresten in allen Farben
Tüll, Gemüsenetzchen, zum
Bestecken usw.*

Hut entweder von den Kindern bekleben und bemalen lassen, oder wir gestalten anlässlich eines Elternabends diese Hüte für die Kinder.

Form mit Plastik überziehen und auf einen Plastiksack legen. Das Tuch im Kleisterbrei eintauchen, gut ausdrücken und auf die Form legen. Den Hutrand nach den eigenen Vorstellungen formen, evtl. mit zusammengeknüllten Zeitungen umschlagen oder mit Ping-Pongbällen unterlegen.

**Tip:**
Der Kleisterbrei kann z.B. mit Plakatfarben eingefärbt und der Hut im nassen Zustand mit Stoffresten, Tüllstoff, Federn etc. dekoriert werden.

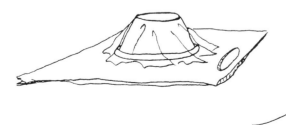

## Kugelbahn

*fester Karton (ca. 1.50 x 1 m)*
*Haushalt- oder*
*Toilettenpapierrollen*
*Kinderstrumpfhosenbeine*
*Plastikschlauch, durchsichtig*
*(Hobby-/Baumarkt)*
*Pet-Flaschen*
*Elektrodraht*
*Klebband und Weissleim*

Die einzelnen Rollen auf den grossen Karton kleben und zusätzlich mit Elektrodraht befestigen. Mit einer Kinderstrumpfhose gelingen die verrücktesten Kurven und durch die Plastikschläuche oder abgeschnittenen Pet-Flaschen sieht man die rollenden Murmeln.

Eine akkustische Kugelbahn entsteht, wenn wir Glöckchen anbringen und eine Blechdose oder ein Xylophon für die Landung der Murmeln hinstellen.

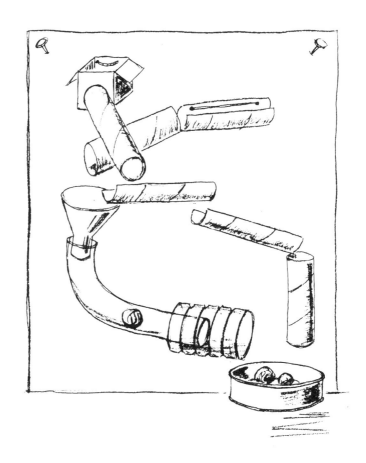

## Handpuppe

*1 Staubsaugersack pro Kind
oder 2 Papiertüten
Zeitungen
Kartonrollen, ca. 25 cm lang
Klebband
Schnur*

Zum Bekleben:
*Stroh, Putzfäden
Knöpfe
Papierfetzchen
Stoffresten usw.*

*ein altes Hemd/Bluse eines Erwachsenen*

Zur Verstärkung jeweils 2 Papiertüten ineinanderstecken. Die Kinder füllen den Sack mit zusammengeknülltem Zeitungspapier. Anschliesend eine Kartonrolle als Hals in die Sacköffnung stecken. Den Sack schliessen und mit Klebband an der Röhre befestigen.
Das Hemd um die Kartonrolle festbinden.

Die Kinder bemalen und bekleben die Puppe nach ihren eigenen Vorstellungen. Wieviele Augen und Nasen angebracht werden, bleibt ganz allein ihnen überlassen.
Am Schluss können wir eine kreative und lustige Puppenschar betrachten

Mit diesen Figuren spielen schon kleine Kinder mit Begeisterung. Mit beiden Händen von unten in das Kleid schlüpfen. Die eine Hand hält die Kartonrolle, die andere Hand schlüpft durch einen Ärmel und wird so zur Hand der Puppe. Diese Hand kann winken, streicheln, Haare zupfen...

**Tip: Knotenpuppe**
Manchmal genügt bereits ein Knoten in einem Tuch, um eine Figur leben zu lassen.
Den Zeigefinger in den entstandenen Knoten hineinstecken.

# Rund ums Jahr

## Ich-Insel

*unbedrucktes Zeitungspapier oder
grosse Papierbogen
Filzstift
Plakatfarben
dicke Pinsel*

Die Kinder liegen in ihrer bequemsten Liegestellung. Ihr Umriss wird mit einem Filzstift gezeichnet. Wenn die Kinder aufstehen, sehen sie ihre ganze Körpergrösse vor sich auf dem Boden. Die verschiedenen Formen wirken wie viele kleine Inseln und werden mit allen Farben bemalt - genau so farbig, wie sie sich ihre Ich-Insel vorstellen.

## Sinnesstrasse

*Eierkartons*
*Pelzresten*
*nasse Schwämme, Lappen*
*Schaumgummiresten*
*Sägemehl*
*Tannzapfen*
*Styroporchips*
*Ballone*
*zerknülltes Zeitungspapier*
*Wolle*
*Watte,*
*Heu, Stroh, Holzwolle*
*Tannenreisig*
*Fussmatte mit Noppen*
*Teppichresten*
*Sand mit Muscheln*
*Teigwarensäcke (sie knistern)*

*Ton und Wasser*

Am schönsten ist eine solche Sinnesstrasse draussen, zur wärmeren Jahreszeit, wenn die Kinder sowieso Lust haben barfuss zu gehen.
Wie schön ist es, für einmal nicht nur Gras und Kieselsteine zu spüren, sondern auch etwas Glitschiges, Grusliges oder Weiches. Dürfen die Kinder auch durch Ton und Wasser gehen, so entwickeln sich vielleicht noch einige kleine Dreck- und Matschgeschichten.

Mit verbundenen Augen spüren wir die verschiedenen Materialien noch intensiver.

Zu beachten ist, dass sich nicht jedes Kind wohl fühlt, wenn es blind und an einer Hand über diese «Strasse» geführt wird. Wir lassen es mit offenen Augen seine Füsse spüren.

Kinder dürfen auch uns Erwachsene durch den Barfussparcours führen.

## Ton und Wasser

sind zwei sehr sinnliche Elemente und für das Sich-Ausdrücken-Können - vor allem für kleine Kinder - sehr wichtig. Allerdings gibt es Kinder die Anfangs-Schwierigkeiten mit diesem Material haben, doch gerade sie werden von den anderen Kindern dazu angeregt, sich verführen zu lassen. Auf jeden Fall müssen wir diese Hemmschwelle respektieren und dem Kind die Zeit geben, die es braucht.

Ton und Wasser gehören zusammen, damit die Kinder experimentieren können.
So erleben sie, wie der Ton im Wasser matschig wird,
sich immer mehr auflöst, bis am Schluss nur noch braunes Wasser übrig bleibt.

Ton sollte in grosszügigen Mengen angeboten werden. Es empfiehlt sich deshalb, eine Ziegelei für ungebrannte Backsteine anzufragen.

### Tongebilde
Die von den Kindern gekneteten Gebilde trocknen lassen und ätherisches Oel darüber tropfen.

### Ton spüren:
Ton auswallen und Platten auf den Körper, Arm oder Bein legen. Spüren wie der Ton anfangs kalt ist und immer wärmer wird.

Aufbewahrung:
Im eingetrockneten Ton Löcher bohren und Wasser hineingiessen. Nach kurzer Zeit ist er wieder weich und geschmeidig. Er sollte verschlossen aufbewahrt werden (Plastik-Box oder -Sack). Keine nassen Tücher verwenden. Sie lösen sich mit der Zeit auf und vermischen sich mit dem Ton.

### Gewürz-Collagen

Riecht es draussen nach grau, haben wir besonders Lust unsere Nasen mit anderen, feineren Düften zu verwöhnen.

*Pfefferminzblätter*
*Curry*
*Nelkenpulver*
*Zimt*
*Paprika*
*Anis*
*Rosmarin usw.*

zum Aufkleben:
*Halbkarton*
*Weissleim oder*
*selbstgemachter Leim*
*Pinsel*

Die Kinder bestreichen den ganzen Karton mit Leim oder ziemlich dick angerührtem Kleister und streuen oder drücken die Gewürze darauf.

### Duftsäckchen

*Baumwollstoff-Resten*
*Stoffband*

*Duftfüllung z.B.:*
*Pfefferminzblätter*
*Zitronenmelisse*
*Anis*
*Lavendel*
*Thymian*
*Gewürznelken*
*Salbei*
*Kamille*
*Basilikum usw.*

Die einzelnen Gewürze auf ein Stück Stoff legen und zusammenbinden.
Auf Kindernasenhöhe aufhängen. So können die Kinder, wann immer sie vorbeigehen, an ihnen riechen und spüren.

### Riechschachtel

*Eierkarton mit Deckel*
*Weissleim*

*Curry*
*Nelkenpulver*
*Zimt*
*Paprika*
*Anis*
*Knoblauchpulver*
*Muskat*
*Vanille, usw.*

Die Kinder kleben oder füllen die Gewürze in den Eierschachtelboden.
Den Deckel schliessen und - falls nicht bereits vorhanden - mit einigen Löchern versehen, durch welche die Kinder die Nasenspitze hineinstecken können.
Wo riecht die Riechschachtel am besten?

# Rund ums Jahr

## Wetterröhren

*Haushaltpapier-Rollen
Klebband*

*Bucheinbandfolien, transparent
und nicht selbstklebend, in
verschiedenen Farben (Papeterie)
gelb für eine Sonnenröhre
blau für eine Schneeröhre
grün für einen Frühlingstag
rot für einen Sonnenuntergang*

Die Röhren werden entweder bunt bemalt oder beklebt. Gewünschte Folie mit einem Klebband an einer Öffnung befestigen.

Graues, langweiliges Wetter. Manchmal möchten wir uns einfach Sonne, Regen oder Schnee herbeizaubern können und das Wetter so verändern, wie wir es uns wünschen.

Mit diesen Wetterröhren, Farbfenstern und Zauberbrillen haben wir Hokuspokus... anstelle von Nebelwetter doch noch Sonnenschein.

## Farbfenster

*Halbkarton, ca. 20 x 15 cm pro Farbfenster
farbige Bucheinbandfolien
Leim oder Bostitch*

Aus dem Karton kleine Fensterrahmen zuschneiden und in jeden Rahmen andersfarbige Folien kleben oder heften.

Eine Farbe ans Fenster kleben und die anderen Rahmen bereitlegen. Wie sieht das Wetter aus, wenn zwei oder drei Scheiben übereinandergelegt werden?

## Farbbrillen

sind lustig und schnell hergestellt, wenn man von einer Tischbombe noch Kartonbrillen hat. Folie aufkleben und im Theaterkoffer bereithalten.

## Seifenblasen einfangen

*ca. 1 l Seifenblasenlauge*
→ *Seifenblasen-Rezept, S. 25*

*Trinkhalme*
*Plakatfarbe*
*weisses Papier*
*verschiedene, niedrige*
*Plastikgefässe oder Becher*

Für jedes Kind einen Becher mit Lauge abfüllen und so viel Farbe dazugeben, dass ein kräftiger Farbton entsteht. Möglich ist auch ein Becken für mehrere Kinder. Mit dem Trinkhalm kräftig in die Seifenlauge blasen, und richtig schön blubbern lassen.

Natürlich tun wir das so lange, bis alles überquillt und auf dem Tisch ein richtig grosses Seifenblasenschloss entsteht. Mit einem weissen Papierblatt gelingt es uns, diese wunderschönen Gebilde einzufangen. Wir nehmen das Papier in beide Hände und «tupfen» es schnell an die Seifenblasen, schon hinterlassen sie ihre typische Struktur. Ein faszinierendes Erlebnis – nicht nur für Kinder!

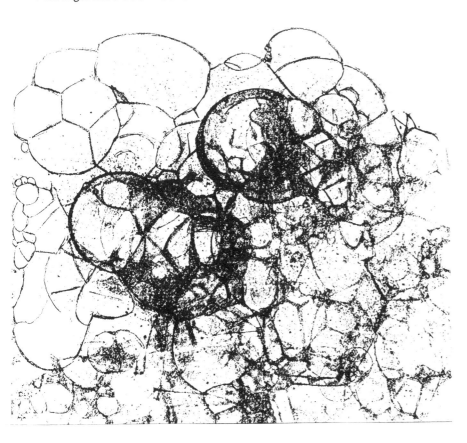

Rund ums Jahr

## Zauberbilder

*Kerzen*
*möglichst weisses Zeichnungspapier*
*Plakatfarben, dünn angerührt oder Wasserfarben*
*Pinsel*

Die Kinder kritzeln mit den Kerzen auf das Papier. So entsteht eine unsichtbare Zeichnung. Wird das Blatt aber mit Wasserfarbe übermalt, tritt - Hokuspokus - die Kritzelzeichnung hervor.

## Tupfenbilder

*Kerzen*
*möglichst weisses Zeichnungspapier*
*Plakat- oder Wasserfarben*
*Pinsel*

Die Kerze anzünden (nur in Gegenwart eines Erwachsenen) und auf ein weisses Papier tropfen lassen.
Mit Wasserfarben übermalen.
An das Fenster gehängt wirken diese Tupfenbilder wunderschön.

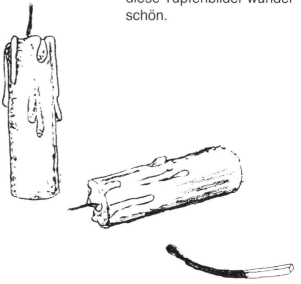

## Rubbelbilder

*Stockmar Wachskreiden*
*Zeichnungspapier*
*Tapetenmuster-Buch von einem*
*Innendekorationsgeschäft*

Jeder weiss, dass man schnell Spielgeld herstellen kann, wenn man Münzen durchrubbelt. Es können jedoch auch Steinplatten, Bretter oder Tapeten mit Prägungen, gerubbelt werden. So entstehen neue Bilder und wir können mit den Kindern die Umgebung nach geeigneten Motiven absuchen.

→ Papier-Portemonnaie, S. 190

## Murmeln malen

Heute malen die Murmeln für uns ein farbiges Bild.

*kleine und grosse Murmeln*
*Dosen mit Deckeln oder*
*Joghurtbecher*
*Plakatfarbe*
*Deckel einer Schuhschachtel oder*
*Kuchenblech mit Papier ausgelegt*

Das Zeichnungspapier wird in den Deckelboden gelegt. Die Dosen mit wenig Farbe füllen und die Murmeln hineinlegen. Deckel zu, Dosen hin und her bewegen und die mit Farbe umhüllten Murmeln auf das Papier kippen. Auf dem Zeichnungspapier werden die Murmeln herumgerollt, wo sie ihre farbigen Spuren hinterlassen können.

## Sandschmiererei

*Tapetenkleister (1 Teil)*
*Wasser (2 Teile)*
*Vogelsand*
*Papier oder Halbkarton*
*Lebensmittel- oder Plakatfarbe*

Kleister, Wasser und Farbe zu einem dicken Brei anrühren. In Joghurt-Becher verteilen und einigen Farben noch Sand beifügen.

Die Kinder malen mit den Fingern auf grossflächigen Karton. Dabei machen sie die Sinneserfahrung, wie sich der schmierige Kleister anfühlt und wie sich der sandige Kleister verstreichen lässt.

## Spuren legen

→ *Kreidesalz, S. 11,*
*evtl. mit Glimmer*
*Sand oder*
→ *farbiger Sand, S. 11*
*Weissleim, Tapetenkleister oder*
→ *selbstgemachte Leime, S. 13*

für die Leimspuren:
*Korken, Pinsel oder*
*Wattestäbchen*

*Papier oder Halbkarton*

Leim-Spuren auf das Papier streichen und den Sand darüberstreuen. Den losen Sand vom Blatt abschütteln und wieder verwenden.

Den Sand oder das Kreidesalz in Gewürzstreuer oder Schalen anbieten.

## Konturensprayen

→ *Sprayflaschen, S. 20*

*grosser Papierbogen
verschiedene Gegenstände z.B.
Sandförmchen, Schere, Hammer,
Nägel, Blätter, Holzabschnitte,
Schächtelchen, Fadenspulen,
Muscheln, Steine, Seil, Schlauch,
Hände, Füsse usw.*

Auf einen grossen Papierbogen legen die Kinder die verschiedenen Gegenstände und besprühen das Blatt mit den mit Farbe gefüllten Sprayflaschen. Das Blatt wird so lange besprüht bis es deutlich dunkler geworden ist. Wenn die «Schablonen» weggenommen werden, können wir feststellen, dass die Gegenstände mehr oder weniger erkennbar sind.

**Tip:**
Mit dem Konturensprayen erhalten wir gleichzeitig neues Collagematerial.

## Stoff sprayen

Mit der gleichen Farblösung können die Kinder auch ihr

*Spieltuch
Seidentüchlein für ein
Duftsäckchen
Kissenanzug
Vorhang/Raumteiler*

besprayen. Dabei heften wir die Tücher mit Vorteil an eine Wand oder hängen sie ans Wäscheseil im Garten oder legen sie auf den Boden. Natürlich halten diese Farben nicht für eine Ewigkeit.

Anstelle von Plakatfarben können auch waschechte Seidenmalfarben (mit Wasser verdünnt) eingefüllt werden.

## Stempeln

**Farbe:**
*Plakatfarbe oder Wasserfarbe
Wasser*

Stempelkissen in Form von:
*zwei aufeinandergelegten, angefeuchteten Papiertaschentüchern.
Wenig Farbe auftragen.*

oder:
*auf einem flachen, angefeuchteten Schwamm wenig Farbe auftragen.*

oder:
*Teller mit ganz wenig Farbe ausstreichen.*

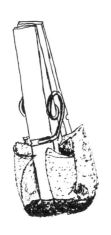

**Stempel**
Es gibt 1000 Möglichkeiten und Varianten - hier einige Beispiele:

*Hüllen von Streichholzschachteln
leere Filmspulen
Kartonrollen
Fadenspulen
Trinkhalme
Zahnbürsten
halbe Zitronen
Korkzapfen*

*Kartoffeln - einfache Formen ausschneiden oder mit Guetzliformen ausstechen*

*Flaschendeckel mit Nagel an einem Korkzapfen befestigen*

*Holzklötzchen, auf denen man mit wasserfestem Leim Figuren aus Schnur oder Moosgummiresten aufklebt*

*Wäscheklammer mit eingeklemmtem Schaumstoffstück*

**Geschenkpapier**

*Einpackpapier oder
farbiges Seidenpapier
evtl. Silber- und Goldfarbe*

Auf diese Weise kann das schönste Geschenkpapier auf lustvolle, grosszügige Art bedruckt werden.

## Eierkartongärtchen

*Eierkartonschachtel*
*Watte*
*Samen von Kresse, Senf, Soja etc.*

Die Eierkartonmulden werden von den Kindern mit Watte gefüllt und mit Wasser begossen. Verschiedene Samen darüberstreuen und ein wenig andrücken. Von jetzt an muss immer darauf geachtet werden, dass die Watte feucht bleibt.

Nach ein paar Tagen kommt der grosse Moment, wenn die Kinder ihr Znünibrot mit ihren selbst gepflanzten Kräutern belegen können.

## Karotten-Gärtchen

*Schüssel*
*Kieselsteine*
*Karotten*

Wir schneiden den gartenfrischen Karotten, die die Kinder für den Znüni mitbringen, den obersten Teil ab, legen diese Stücke in eine mit Wasser und Kieselsteinen gefüllte Schüssel und stellen diese auf das Fensterbrett. Wir giessen die Pflänzchen regelmässig und freuen uns am Wachstum des Kräutergärtchens.

## Rund ums Jahr

**Znüni essen - nicht vergessen - wir haben alle Hunger!
Karotten, Bananen, Äpfel und Birnen, das haben wir so gern.
Darum wecken wir das Biest jetzt auf, sonst frisst es uns alles weg.**

Irgend ein Znüni-Lied entwickelt sich in jeder Kindergruppe. Es kann aber auch vorkommen, dass bei den einen die Täschchen weggezaubert werden und so herausgefunden werden muss, welches fehlt.
Bei den anderen muss man das Biest, das sich unter dem grossen Tuch versteckt, zuerst aufwecken, damit es einen Schwanz (Henkel des Täschchens) nach dem anderen zeigt. Natürlich muss zuerst noch herausgefunden werden, zu wem er gehört.

### Seerose

Ein Apfelteiler schneidet im Nu das Kerngehäuse heraus und teilt den Apfel in gleich grosse Schnitze.

### Apfelringchen

Mit einem Kerngehäuse-Ausstecher wird der Apfel durchbohrt und mit dem Messer in Scheiben geschnitten.

### Zauberapfel

Während wir einen Zauberspruch aufsagen, schneiden wir den Apfel im Zickzack bis ins Kerngehäuse ein.
Da der Apfel sich von einem Erwachsenen nie öffnen lässt (weder mit viel gespielter Kraftanstrengung noch mit anderen Zaubersprüchen) geben wir ihn dem Kind zurück, das ihn mitgebracht hat.
Natürlich sind wir immer erstaunt, wie mühelos die Kinder diese Zauberäpfel teilen.

### Orangen-Schildkröte

Das dünne Papierchen, in das die Orangen eingepackt sind, wird über die Orange gelegt und an den vier Ecken zu Zipfeln zusammengedreht. Lässt man die Orange so über eine glatte Fläche rollen, bewegt sich die Schildkröte lustig vorwärts.

### Orangen-Blüte

Die Orangenschale in 8 Teile schneiden und von der Frucht lösen. Die Schnitze voneinander lösen.

### Mandarinen-Schlange

Aus Mandarinen werden Schlangen: Schale von der Hälfte her immer im Kreis herum einschneiden. Diesen «Schwanz» von der Frucht lösen und zwei Augen einschneiden.

Rund ums Jahr

### Clown-Apfel

In einen Apfel werden Augen, Nase und abstehende Ohren geschnitzt. Wenn der Mund an der Reihe ist, wird das Kind gefragt, ob sein Clown heute lustig oder traurig ist. Je nachdem gehen die Mundwinkel nach oben oder nach unten.

### Hunde-Birne

Aus einer Birne wird ein Hundekopf geschnitzt. Der dünne Teil ergibt die Schnauze.
Natürlich muss der Hund zuerst knurren und bellen, bevor er angebissen wird.

### Krokodil

Aus Karotten, Bananen und Gurken wird ein Krokodil geschnitzt und dazu der folgende Fingervers gesagt:

Dieser geht auf Afrika
*(1. Kerbe wird geschnitzt)*

Dieser sagt ade ade
*(2. Kerbe wird geschnitzt)*

Dieser sagt auf Wiedersehn
*(1. Auge wird geschnitzt)*

Dieser sieht ihm traurig nach
*(dies wird das zweite Auge und zugleich eine Träne)*

und der Kleine sagt, pass auf, am Nil da gibt's ein grosses Krokodil und frisst Dir gleich die Nase weg.

*(nachdem das Krokodilmaul geschnitzt wurde, versucht das gefährliche Tier nach dem Kind zu schnappen)*

**Notizen**

65 Notizen zum Anfang

66 Erster Tag

67 Uhr zum Trost
   Knopf-Uhr

68 Geräuschspielball
   Geisterballon

69 Herbstzeit - Sammelzeit
   Pflanzenpresse

70 Feuervogel

71 Windrädchen
   Windrädchen-Girlande

72 Laubkrone

73 Blättercollage

74 Herbstfenster

75 Himmelszelt

76 Früchteschalenpunsch

77 Notizen

**Notizen zum Anfang**

# Herbst

### «Jedem Anfang wohnt ein Zauber inne.»
H. Hesse

Vor Beginn des neuen «Schuljahres» erhalten die Kinder eine an sie adressierte Einladung.

Der Brief kann auch wie ein Adventskalender gestaltet werden. Hinter den Fenster und Türen sind Datum, Zeit, die Finken und der Znüni, die mitgenommen werden müssen. Vielleicht auch die eigene Malschürze.

Mit Cutter in Bauchnabelhöhe ein Kreuz schneiden und den Ballon von der Rückseite hineinstecken.

### Am ersten Tag:

Für die Kinder und Eltern
→ Spielknete, S. 29
bereitstellen (ca. 3 kg)

oder
je nachdem, wann das erste Kind seinen Geburtstag feiert, kann auch gleich mit der
→ Geburtstagsschlange, S. 166, begonnen werden.

oder
gemeinsam ein grosses Znüni-Tischtuch dekorieren:

*Plastiktischtuch*
*Klebfolie, transparent*
*Seidenpapier-Resten*
*buntes Papier*
*Glimmer.....*

Die Mütter schneiden aus Illustrierten das vom Kind gewünschte Tier aus. Den Klebfolienstreifen in der Mitte des Plastiktischtuches aufkleben. Das ganze Jahr wird uns die Erinnerung an den ersten Tag begleiten.

## Eine Uhr zum Trost

*Uhren-Prospekt*
*Klebfolie, transparent*

Die ersten Ablösungsschritte sind manchmal etwas schmerzhaft. Ein einfaches und sehr wirkungsvolles Trostpflästerchen ist folgendes:

Aus einem Uhrenprospekt schneiden wir die vom Kind ausgewählte Uhr aus.
Wird die Uhr vor dem Schneiden mit Klebfolie überzogen, ist sie stabiler. Mit einem Klebband befestigen wir die Uhr um das Handgelenk des Kindes. Nun kann es immer auf seiner Uhr nachschauen, wann wohl das Mami oder der Papi wieder kommt.

Manchmal hilft auch Papa's Hemd oder das Lieblingstier, das überallhin mitkommen muss.

## Knopf-Uhr

*Knopf*
*Pfeifenputzer*
*wasserfester Filzstift*

Falls kein Uhrenprospekt zur Hand ist, sucht sich das Kind einen grossen Knopf aus der Knopf-Schachtel aus.
Ein Pfeifenputzer wird durch die Löcher gezogen und am Handgelenk festgemacht. Zwei Zeiger, mit wasserfestem Filzstift aufgemalt, dürfen nicht fehlen.

# Herbst

## Geräuschspielball

Es muss nicht immer ein gekaufter Ball sein. Wir können ihn selber herstellen mit

*1 Luftballon*
*Zeitungspapier*
*Tapetenkleister (1 Teil)*
*Wasser (2,5 Teile)*
*Schüssel*
*Plakatfarben*
*Wasser-Lack*

zum Füllen:
*Kieselsteine*
*Glöckchen*

Den Ballon mit den Kieselsteinen füllen und bis zur gewünschten Grösse aufblasen. Kleister und Wasser zu einer cremeartigen Masse anrühren.

Die Kinder legen grössere Papierstreifen in den Kleister, nehmen sie feucht heraus und bekleben so den Ballon.
Es braucht einige Schichten, damit der Ball stabil wird. Einmal trocken, wird er bemalt und evtl. lackiert.
Die Kinder sitzen am Boden. Sie rufen einen Namen und versuchen den verrückten Spielball dem angesprochenen Kind zuzurollen. Durch seine ovale Form wird er jedoch hinrollen wo er will. So wird sich das Spiel von selbst entwickeln und wir lassen die Kinder ihre Spielideen erfinden.
Dies ist ein Spiel, um in einer neuen Gruppe die Namen der anderen Kinder kennenlernen zu können.

## Der Geisterballon

ist eine Schnellvariante um einen verrückten Spielball zu bekommen. Wir brauchen:

*2 Ballone*
*Wasser*

Der eine Ballon wird in den anderen hineingeschoben. Den inneren Ballon mit Wasser füllen (ohne ihn zu dehnen) und zuknüpfen. Den äusseren Ballon nicht voll aufblasen.

Dieser Ballon verhält sich sehr eigenartig, wird er zudem aufgehängt, dient er uns als Boxerball.

## Herbstzeit - Sammelzeit

Zeit für einen grossen Spaziergang in der Natur. Mit Taschen und Körben ausgerüstet, gehen wir auf Entdeckungsreisen. In Wald und Feld sammeln wir Schönes, Brauchbares und Interessantes.

*Föhrenzapfen*
*Bucheckern*
*Erlenzapfen*
*Lärchenzapfen*
*Eicheln*
*Gräser*
*Moos*
*Kastanien*
*Herbstblätter*
*Zweige*
*Steine*
*Zwetschgensteine*
*Kirschensteine*
*Kerne*
*Maisblätter, Maiskolben*
*Hagebutten*

Mit diesem Vorrat an Naturmaterial wird es den Kindern auch in langen Wintermonaten nie langweilig. Sie kleben, spielen, dekorieren und werken damit.

Durch die Mithilfe der Eltern wird das Angebot noch vielfältiger. Eine Ergänzung sind getrocknete Blumen, Kräuter und Samen aus ihren Gärten.

## Pflanzenpresse

Herbstblätter und Blumen einfach zwischen die Telefonbuchseiten legen und mit schweren Büchern einige Tage beschweren.

Ganz Eilige nehmen ein Bügeleisen (Wolltemperatur) und legen die Blätter zwischen zwei Fliessblätter.

## Herbst

### Feuervogel

*Stoffstücke ca. 20 x 20 cm
Sand (aus dem Sandkasten)
oder
Kastanien
Schnur*

*für den Schwanz:
farbiges Krepp-Papier oder
Plastik-Einkaufstasche oder
Stoffbänder oder
Gazebänder*

Eine Hand voll Sand oder Kastanien auf den Stoff geben. Mit der Schnur binden wir den Stoff fest zu einem «Kopf» zusammen. 4 - 6 verschiedenfarbige Streifen (ca. 4 x 50 cm) schneiden und als Schwanz anknüpfen. Schnur zu einer Schleife binden, an welcher der Feuervogel festgehalten und geschwungen werden kann.

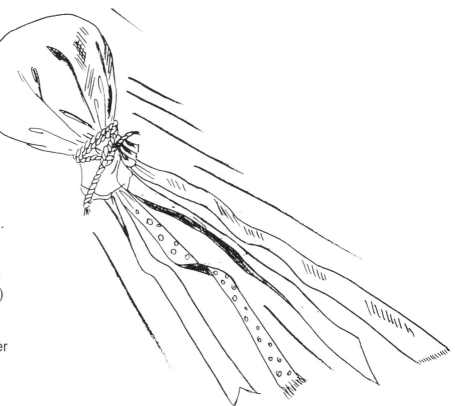

**Tip:**
In einen Tennisball einen Schnitt von ca. 2 cm (mit Cutter) einschneiden. 4 Stoff- oder Plastikstreifen verknüpfen und in den Schnitt stecken.

## Windrädchen

*festes Papier oder
Halbkarton
Plakatfarben oder
Wachsmalkreiden*

*Korken
Nagel oder lange Stecknadel
Perlen und Trinkhalmstücke
Haushaltrolle*

Das Papier, wenn möglich auf beiden Seiten, bemalen.
Das Papier schneiden und zu einem Windrädchen zusammenmontieren.
Mit dem Cutter ein Kreuz in die Haushaltrolle schneiden und den Korken hineinstecken.
So entsteht ein praktischer Haltestab.

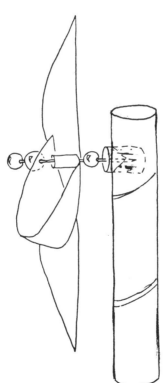

## Wetterfeste Windrädchen

*alte, farbige Plastikmäppchen
Trinkhalme
Glasperlen
Draht*

Ein lustiges Windspiel entsteht, wenn wir mehrere Plastikwindräder auf einen langen Draht auffädeln. Die Zwischenräume mit Glasperlen und Trinkhalm-Stückchen füllen. Waagrecht zwischen der Gartenlaube und der Hausecke aufgespannt, bewegen sich die Windräder beim leisesten Windhauch. Sie machen auch einen Sturm mit und halten einige Jahre.

Herbst

## Laubkrone

*biegsamer Draht,
ca. 30 cm lang
viele bunte Blätter vom Boden
breite Stoffbänder (Masche)*

Ein Ende des Drahtes zu einer Schlaufe biegen. Mit der Spitze spiessen die Kinder viele bunte Herbstblätter auf - je nach Lust und Laune sogar bis ans Ende des Drahtes. Die Spitze an die Schlaufe befestigen und das Ganze zu einem Kranz biegen. Mit einer Masche den Verschluss kaschieren.

**Tip:**
Kastanien mit dem Handbohrer durchbohren und zwischen die Blätter aufreihen. Es können auch Trinkhalmstückchen dazwischen aufgefädelt werden. So haben die Kleinen ein schnelleres Erfolgserlebnis.

## Blättercollage

*Tapetenkleister (1 Teil)*
*Wasser (2 Teile)*
*festes Papier*
*Plakatfarbe*

*viele bunte Blätter,*
*gepresst oder frisch aufgelesen*

Den Kleister anrühren und nach Wunsch Farbe beimischen. Mit einem Pinsel oder den Fingern den Kleister verstreichen und mit Blättern belegen.

### Tip:
Dem Kleister ca. 1 EL Zucker beigeben, damit sich das Blatt weniger rollt oder
→ Styroporchips-Leim, S. 13 verwenden.

Herbst

## Herbstfenster

*transparente Klebfolie
viele bunte, gepresste,
trockene Herbstblätter
verschiedenfarbiges Seiden-
oder Drachenpapier
farbige Sichtmäppchen,
in Stücke geschnitten
Wollfäden
Federn*

Ein grosser Bogen Klebfolie auf dem Tisch auslegen und mit Abdeck- oder Klebband an den Kanten befestigen. Die Kinder belegen die Klebseite.
Am Schluss wird die vorher abgezogene Schutzfolie wieder auf den ganzen Bogen gelegt. Das Gemeinschaftswerk in einzelne Teile schneiden, so dass jedes Kind ein Stück davon mit nach Hause nehmen kann.

## Himmelszelt

*grosser Papierbogen oder
unbedruckte Zeitungspapier-
streifen*

*Tapetenkleister (1 Teil)
Wasser (2 Teile)
Plakatfarbe blau und dunkelblau
dicke Pinsel oder Farbroller*

*Glimmer
Sternchen
Gold- /Silber-Klebfolie oder
Metallfolie*

Das Papier über die ganze Tischfläche oder auf den Boden legen, so dass alle Kinder das Papier bemalen können.
Auf dem feuchten Papier Sternchen und Glimmer streuen.

Den Himmel an die Decke befestigen, auf den Boden liegen und den schönen Sternenhimmel geniessen.

### Tip:

Mit den verschiedenen Motiv-Lochern (in Papeterien erhältlich) haben die Kinder die Möglichkeit, so viele Sternchen und Monde zu stanzen und auf das Himmelszelt zu streuen, wie sie selber möchten.

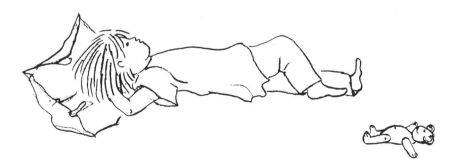

Herbst

## Früchteschalenpunsch mit Weinbeeren

*1 Liter Wasser*
*1 gehäufter Esslöffel oder*
*3 Teebeutel Früchteschalentee*
*1 Esslöffel Rohzucker*
*1 Messerspitze Lebkuchengewürz*
*4 Orangen, ungespritzte oder*
*Orangenkonzentrat, tiefgefroren*
*1 Hand voll Weinbeeren*

Wasser aufkochen und Fruchtschalentee mit einigen Orangenschalen-Stückchen und den Weinbeeren ca. 15 Minuten ziehen lassen. Zucker, Gewürze und den Saft der ausgepressten Orangen beigeben - umrühren und heiss servieren.

**Tip:**
Dieser Punsch ist nach einem Räbenlichter-Kinderumzug der richtige Aufwärmer.

**Notizen**

## Advent

79 Dezembereinkauf
   St. Nikolaus

80 Besinnliche - hektische
   Adventszeit

81 Schneemonster

82 Zauberberg

83 Adventsband
   Schmuck-Klammer

84 Adventsgesteck

85 Geduldshelferchen

86 Wunsch-Schachtel

87 Weihnachts-Potpourri

88 Glitzer-Laterne

89 Windlicht
   Weihnachtsfenster

90 Dörfchen

91 Licht im Advent
   Duftendes Windlicht
   Mandarinen-Öllampe

92 Znüni-Zauber-Häuschen
   Zauberstäbe

93 Herz zum Essen gern
   Knusperbäumchen

94 Grittibenzen

95 Notizen

## Dezembereinkauf

Was wir das ganze Jahr zum Werken brauchen, ist zum Teil nur in der Vorweihnachtszeit in den einzelnen Geschäften erhältlich.

*Glimmer*
*Engelshaar*
*Goldfäden*
*Girlanden*
*Lametta*
*Glanzpapier*
*Glanzfolien*

Nach Weihnachten fallen auch Unmengen von wunderschönem, gebrauchtem Papier und Geschenkbändern an, die in jeder Kindergruppe weiterverwendet werden können. Ein Aufruf an die Eltern und Kinder ergänzt unser Collagematerial.

## St. Nikolaus

Zur Nikolauszeit erweitern wir für die Kinder das Verkleidungsangebot mit:

*Jutesäcken*
*Tüchern, roten, schwarzen, grauen*
*Wattebärten*
*Gummistiefel*
*Glöckchen*
*Eselohren*

Nun üben wir uns in Geduld, warten ab und beobachten, welche Spiele und Geschichten sich daraus ergeben.

### Tip:
Tierohren für Esel und Waldtiere sind schnell gemacht.
→ Hasenohren, S. 129

# Advent

**Sie ist schon wieder da...
diese besinnliche aber
hektische Adventszeit!**

Auch wenn auf den nächsten Seiten einige Ideen zum Thema Advent und Weihnachten stehen, ist es wichtig, dass man sich für das WAS entscheidet und nicht für das WIEVIEL.

In dieser angespannnten Zeit ist es wichtiger, die Kinder dort aufzufangen wo sie sind, ihnen viel Raum und Zeit zum freien Spiel zu lassen, damit sie ihre ganze Vorweihnachtsfreude und -spannung ausdrücken können.

Anderseits kann man die Kinder in ihrer Sinnesfreudigkeit mit grosszügig angebotenem Material unterstützen.

Dabei gilt nicht WAS sie herstellen sondern das WIE - das heisst ihr ERLEBNIS während des Tuns.

## Schneemonster

*1 Duvetüberzug oder*
*1 Jutesack*
*Plakat- oder Acrylfarben*

Füllung:
*ein Stapel Zeitungen*

*oder*
*alte Kleider*
*Laub*
*Heu*
*Stroh*
*Putzfäden*
*Styroporchips*

Dies ist unser Begleiter während der angespannten Vorweihnachtszeit! Hier können die Kinder die aufgestauten Aggressionen ausleben und das Monster nimmt alles gelassen und schmerzlos an.

Ein Stapel Zeitungen wird mit den Kindern genüsslich bearbeitet. Die Zeitungen werden zerrissen und zerknüllt.
Das Duvet wird mit all diesen «Spielbällen» gefüllt und entwickelt sich immer mehr zu einem Monster. Die Kinder bemalen seinen Körper und ein Gesicht bekommt es ganz nach ihrem Geschmack.
Jetzt braucht es nur noch viel Zeit und Raum zum Spielen!

# Advent

## Zauberberg

alter → *Salzteig, S. 28*
oder
→ *Eierkarton-Knetmasse, S. 27*
oder Ton

*verschiedene Kerzen
Alu-, Silber-, Goldfolie
Funkelsteine
Glimmer
Lametta
goldende und silberne
Flaschendeckel
Spiegelstückchen
Moos
Tannenzweige*

Was die Kinder mit diesem Material fantasievoll gestalten werden, bleibt eine Überraschung.

**Tip:**
Falls der Berg gross sein soll und nicht genügend Ton oder Salzteig vorhanden ist, kann als Unterlage eine Styropor-Form verwendet werden. Diese wird mit dem Ton oder Salzteig überdeckt.

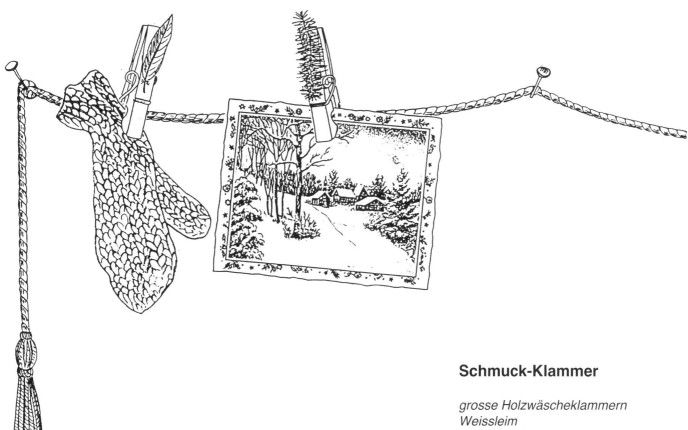

## Adventsband

*Kordel, Seil oder Stoffband
Holzwäscheklammern
Sachen zum Thema Winter:*

*Kalenderbilder
Postkarten
nostalgische Glanzbildchen
Christbaumkugel
Tannenzweig mit Zapfen
Handschuh oder Wollsocke*

Dieses Adventsband hängen wir an eine Wand oder frei in den Raum auf Kinderhöhe. In einer Schachtel stellen wir alle Sachen bereit, damit die Kinder selber auf- und abhängen können was sie möchten. Vielleicht verstecken wir auch einmal eine kleine Überraschung in einer Wollsocke.

## Schmuck-Klammer

*grosse Holzwäscheklammern
Weissleim
Watte, Federn
Stoffresten, Tüll
Styroporchips
Geschenkbändelchen
Pelzresten
Weihnachtspapier
Pailletten, Glimmer*

Die Kinder bekleben eine oder beide Seiten der Klammer mit allerlei Glitzerndem und Festlichem. So entsteht die eigentliche Verzierung des Adventsbandes.

Advent

## Adventsgesteck

Wenn wir die Kinder einfach machen lassen und ihnen viel lustvolles Material zur Verfügung stellen, entstehen die schönsten Kreationen:

→ *alter Salzteig, S. 28*
→ *Eierkarton-Knetmasse, S. 27*
oder Ton

Unterlage, z.B.
*Kartonteller, Früchtekarton, Eierkarton, Karton, Plastik- oder Styroporschale*

zum Bestecken:
*trockene Gräser
Zweige,
Mohnkapsel
Föhrenzapfen
Bucheckern
Eichelhütchen
Kerzen*

und alles, was wir im Herbst gesammelt haben.

Die Kinder bestecken ihren Ton-Klumpen mit dem gesammelten Material und den Kerzen.

Vielleicht am Schluss noch mit Glimmer bestreuen oder mit einem Hauch Silber oder Gold (im Freien) besprühen.

Kerzen nur im Beisein von Erwachsenen anzünden.

## Geduldshelferchen

*Weissleim*
*Plakatfarbe silber und gold*

*Schachteln und Schächtelchen*
*Kartonrollen*
*Eier-, Früchte-/Gemüsekartons*
*Büchsen*
*Zahnstocher*
*Flaschen- und Büchsendeckel*
*Knöpfe*
*Styroporchips*
*Draht, Pfeifenputzer*
*Schrauben, Nägel*
*Papier- und Stoffschnipsel*
*Nuss-Schalen*
*Föhrenzapfen*

und überhaupt alles, was sich kleben oder sonstwie zusammenfügen lässt.

*Gedulds-Knöpfe, -Perlen oder -Nüsse*

für alle Tage, die gewartet werden müssen, damit das Geduldshelferchen «funktionieren» kann.

Immer dieses Warten, Warten auf Weihnachten, auf den Geburtstag, die Ferien am Meer... Weil Warten für Kinder so schwierig ist, können sie für sich ein kleines Helferchen bauen.

Aus vielen Knöpfen, Rädern, Rollen und Drähten kann das Helferchen entstehen. Wird es am Schluss eine kleine Maschine oder bereits ein Roboter oder Computer? Mit Silber- oder Goldfarbe angestrichen, wird es bestimmt funktionstüchtig aussehen.

Gerade in der Zeit vor Weihnachten, da jedes Kind wegen des vielen Warten fast keine Zeit mehr zum Spielen hat, ist dieses Helferchen hilfreich. Jeden Tag wird dem Geduldshelferchen eine Geduldsperle gebracht. Wenn die letzte Perle an der Reihe ist, muss das Helferchen nur noch einen Tag für das Kind warten bis Weihnachten kommt.

Advent

## Wunschschachtel

*grosse Streichholzschachtel*
*Weissleim*

*Knöpfe*
*Muscheln*
*Vogelfutter*
*Teigwaren*

*Plakatfarben, gold/silber oder*
*Gold-/Silberspray*

*Glasstein oder golden bemalte*
*Nüsse, Steine, Muscheln etc.*

Die Kinder streichen die obere Seite der Schachtel satt mit Leim ein und verteilen die verschiedenen Verzierungen darauf.
Ist der Leim trocken, können die Kinder das Kunstwerk mit Gold- oder Silberfarbe bemalen, oder wir besprayen es im Freien.

Jedem Kind können wir etwas ganz Besonderes in seine Schachtel hineinlegen, z.B. einen wunderschönen, golden bemalten Stein in Seidenpapier gewickelt.

Jedes Mal, wenn wir einen Wunsch haben, wird der «Zauberstein» hervorgeholt. Anhauchen, mit dem Ärmel glänzen, Augen schliessen und den Wunsch aussprechen.
Jetzt in der Vorweihnachtszeit wird er sicher oft gebraucht.

## Weihnachts-Potpourri

*Schalen von Mandarinen,
Orangen oder Zitronen
Zimtstengel
Gewürznelken
Lorbeerblätter
Muskatnüsse
Sternanis
Tannzapfen-Schuppen
kleine Zapfen von Erle, Birke etc.
Moos*

*Früchtenetzchen*

*Blechbüchse oder gut
verschliessbares Glas*

*einige Tropfen ätherisches Öl,
z.B. Limette, Orange oder eine
fertige Weihnachts-Mischung*

Im November sammeln wir beim Znüni die ersten Mandarinenschalen, stecken sie in Früchtenetzchen und hängen diese am Heizkörper auf, um sie austrocknen zu lassen. Sobald genügend Schalen gesammelt wurden, können die Kinder sie zerbröckeln. Auch die Zimtstengel und Lorbeerblätter werden von Hand zerkleinert.

Die anderen Gewürze beigeben und alles gut miteinander vermischen. Einige Tropfen ätherisches Öl beifügen und in der Büchse eine Woche ruhen lassen. Wichtig ist, dass alle Materialien immer gut trocken sind, bevor sie in die Büchse kommen.

Die Kinder können sich in die Welt der Düfte entführen lassen und sich auch im Sommer wieder auf Weihnachten freuen oder sich erinnern.

**Tip:**
Schnellvariante eines Duftpotpourris: eine gekaufte Mischung Fruchtschalentee, angereichert mit einigen der obengenannten Zutaten.

## Glitzer-Laterne

*Ovomaltine-Büchse, ø 12 cm, mit Deckel*
*Leim*
*Rechaudkerzen*
*Cutter*

*Für das Büchseninnere:*
*Glimmer und Glitzer*
*evtl. Spiegelstückchen*

*Zum Bekleben der Büchse:*
*Alufolie*
*glänzendes Weihnachtspapier*
*Weihnachtsgirlanden zum zerschneiden*

Dose innen mit viel Leim bestreichen. Viel Glimmer einstreuen, Deckel schliessen und schütteln, bis der Leim mit Glimmer bedeckt ist. Nach Wunsch können auf den freien Stellen noch Spiegelstückchen geklebt werden.
Aussenseite der Büchse mit Geschenkpapierresten, Alufolie etc. bekleben.

Rechaudkerze in die Büchsenmitte kleben oder mit Draht befestigen. Genau oberhalb der befestigten Rechaudkerze ein Loch von ca. ø 7 cm herausschneiden (mit Cutter oder gezacktem Küchenrüstmesser). Haltebügel aus Draht befestigen, der Boden und Büchsenrand verbindet.

Die Kinder sind von ihrer Glitzerhöhle fasziniert.

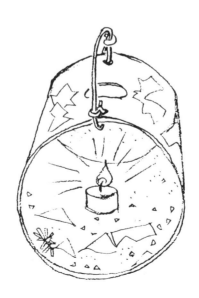

## Windlicht

*1 - 2 Liter Einmach- oder Gurkengläser*

*durchsichtige Klebfolie*

Zum Hinterlegen:
*Seidenpapier,
Bücherfolien in hellen Farbtönen
oder
Regenbogenfolie*

*Herbstblätter gepresst
Wolle
Pailletten
Federn
Glanzpapier-Schnipsel
Christbaumgirlanden, zerschnitten
einige Sternchen*

Die Kinder belegen die Folie mit dem Material. Das Ganze decken wir am Schluss mit dem Seidenpapier zu und befestigen es um das Glas mit einem Klebstreifen. Überstehenden Rand abschneiden.

Schön ist auch nur ein Streifen, der um das Glas befestigt wird. Mit einer umgebundenen Glitzergirlande am Glasrand wirkt es noch festlicher.

**Tip:**
Mit einem Sternchen-Locher (Papeterie) und entsprechend glitzerndem Weihnachtspapier aus unserem Vorrat können die Kinder viele bunte Sternchen stanzen.

**Weihnachtsfenster**
werden mit dem gleichen Materialangebot wunderschön.
→ Herbstfenster, S. 74

## Dörfchen

*Holzbrettchen, mind. 20 x 20 cm
oder
ausgediente Küchenrüstbrettchen*

*Holzabfälle
Holzfadenspulen*

*Weissleim
Plakatfarben oder Acrylfarben
Glimmer
Rechaudkerze
evtl. Draht und Stern*

Die auf dem Holzbrettchen aufgeklebten Holzstücke, lassen ein kleines Dörfchen entstehen. Vielleicht bekommt das Ganze auch noch einen Farbanstrich.

Falls Acrylfarbe verwendet wird, kann der Glimmer auf die feuchte Farbe gestreut werden.

Mit Plakatfarbe muss Kleister oder transparenter Papierleim verwendet werden, damit der Glimmer hält.

Auf eine freie Fläche wird eine Rechaudkerze gestellt.

In einem Turm oder Haus ein kleines Loch bohren und den am Draht befestigten Stern hineinstecken.

Beim Betrachten dieses Dörfchens kommt einem bestimmt eine gewisse Geschichte in den Sinn.

## Licht im Advent

Der 13. Dezember wird in vielen Ländern als der Tag des Lichts gefeiert.

An unserem Znünitisch können wir mit all den mitgebrachten Mandarinchen eine vorweihnächtliche Stimmung verbreiten.

## Duftendes-Windlicht

*Mandarinen*
*Rechaudkerzen*
*Zucker*
*Gewürznelken*

Mandarinenschale rundherum einschneiden, und die beiden Hälften sorgfältig von der Frucht abheben. In die eine Schalenhälfte eine Rechaudkerze stellen. In den Deckel ein ø 2 cm grosses Loch und zur Verzierung noch einige kleinere Löcher schneiden. In die Rechaudkerze etwas Zucker und zwei Gewürznelken geben - fertig ist unser duftendes Windlicht.

## Mandarinen-Öllampe

*Mandarinen*
*Sonnenblumenöl*

Die Mandarinen sorgfältig in zwei Hälften schneiden und die Frucht herausschälen. Den entstandenen «Docht» auf der einen Mandarinenhälfte zu einer Spitze drehen. Wir füllen diese Hälfte mit Sonnenblumenöl auf und zünden das Öllämpchen an.

Advent

## Znüni-Zauber-Häuschen

*1 grosse Schachtel oder mehrere Schachteln in ganz verschiedenen Grössen*

*Plakatfarbe*
*Leim*
*Bostitch*
*glänzendes Collagematerial*
*Cutter*

Im November bemalen und/oder bekleben die Kinder die Schachteln innen und aussen. Mit Leim und Bostitch die Schachteln zu einem Haus zusammenfügen. Die Deckel der Schachteln bilden die Frontfassade des Hauses. Es können auch Fenster und Türen ausgeschnitten und mit Bildern hinterlegt werden (wie ein Adventskalender).

Mit einem Messer schneiden wir eine Türe, damit wir den Znüni hineinlegen können.
In der Adventszeit legen wir in jede Schachtel eine kleine Znüniüberraschung, z.B. einen Luftballon, ein Schokoladeherzchen usw. An jedem Tag wird ein neues Zimmer oder Fenster geöffnet.
Das Haus steht auch noch Wochen später - aber dann als richtige Puppenstube.

**Tip:**
Mit selbstgemachten Zauberstäben zaubern wir das nächste Tor auf:

*Weihnachtspapier*
zu einem Stab zusammenrollen,

*Geschenkbändelchen*
in die Stabspitze hineinkleben.

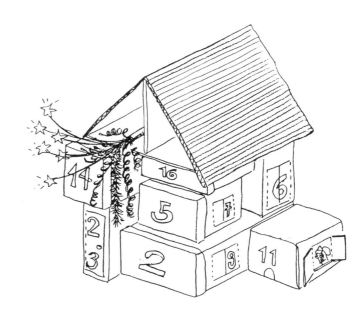

## Herz zum Essen gern

Manchmal hat der St. Nikolaus einfach zu viel zu tun. Die Kinder helfen ihm sicher gerne.

*Ein Lebkuchenherz für jedes Kind vom Bäcker oder
jede beliebige Form aus einem Fertig-Lebkuchenteig ausstechen (sie können im voraus gebacken und einige Zeit in einer Blechschachtel aufbewahrt werden)*

*Zuckerguss,
Dekoration und
evtl. nostalgische Papierbildchen*

*Pinsel,
Finger oder
Spritzbeutel*

## Knusperbäumchen

*grosse Kiefern- oder Föhrenzapfen*

*Zuckerguss,
Dekoration
evtl. Gold-/ Silberfaden zum Aufhängen*

*Pinsel,
Finger oder
Spritzbeutel*

Eine kleine Nascherei, das sich jedes Kind selber machen kann.
Die Zapfen werden mit allerlei Leckerem gefüllt. Die Smarties, Mandeln etc. in den Zuckerguss tauchen und in die Öffnungen des Zapfens stecken. Was dabei an den Fingern kleben bleibt, darf genüsslich abgeschleckt werden.

Dekoration
*Smarties
Silberperlen
Veilchenpastillen
Zuckerkügelchen
Mandeln*

Zuckerguss-Rezept:
*300 g Puderzucker
4 EL Zitronensaft oder Wasser
evtl. einige Tropfen Lebensmittelfarbe*

Zu beachten ist, dass kleine Köche immer wieder probieren möchten. Deshalb Menge reichlich bemessen!

### Tip: Spritzbeutel
Spritzglasur in Plastikbeutel abfüllen. Den Sack mit dem Bostitch zuheften und eine kleine Ecke vom Beutel abschneiden, damit eine Spritzöffnung entsteht.
Mit leichtem Druck kommt die Glasur heraus.

Advent

## Grittibenzen

*1 kg Weissmehl*
*150 g Butter*
*5 dl Milch*
*1 Hefewürfel, ca. 40 g*
*1 Esslöffel Salz*
*1 Teelöffel Zucker*
*1 Ei zum Bestreichen*
*Rosinen und*
*Nüsse zum Verzieren*

Backen bei ca. 200°

Die verschiedenen Zutaten in genügender Menge bereitlegen. Beim Kneten und Formen des Teiges müssen die vielen, kleinen Finger natürlich immer wieder probieren.

Den Teig stellen wir gemeinsam her und lassen ihn eine halbe Stunde aufgehen (eigentlich sollte er um das Doppelte aufgehen können, aber aus Zeitgründen geht das vielleicht nicht).
Die Kinder formen die originellsten Grittibenzen, d.h. ohne unsere Vorlage oder unsere gut gemeinten Ratschläge.

Falls die Möglichkeit nicht besteht, die Grittibenzen sofort zu backen, sollten die Eltern vororientiert werden, damit sie sich an diesem Tag Zeit nehmen, sie zu backen.
In diesem Fall sollten die Grittibenzen im Kühlschrank langsam aufgehen können.

**Notizen**

97 **Winter und Schnee**

98 **Lieber Schneemann**

99 **Schnee im Farbkleid**
**Schnee kochen**

100 **Eisstern**
**Glitzerstern**
**Naturstern**

101 **Futterkugeln für unsere**
**Wintergäste**

102 **Juhee der erste Schnee**

103 **Schneeglitzer**
**Schneestürme**
**Seifenflocken-Schnee**

104 **Riesen-Schneeflocke**
**Engel im Schneekleid**

105 **Schneebälle**

106 **Riechende Schlange**

## Winter und Schnee

Schnee ist immer faszinierend. Ist er pulverig und knirscht unter den Füssen oder ist er nass und matschig?
Wer findet den ersten Eiszapfen, an dem man vielleicht sogar lutschen möchte? Auch eine gefrorene Pfütze ist zu untersuchen. Wie dick ist das Eis? Kann man schon darauf gehen oder es mit einem Stein oder Holz zerbrechen?

Die Entdeckungssuche darf beginnen. Velo- und Autoreifenabdrucke sind zu finden, aber auch Katzen-, Hunde- und Vogelspuren. Grosse Stiefelspuren werden entdeckt, in denen ein kleiner Kinderschuh dreimal Platz hat.

Vielleicht gehen wir in den Wald und suchen nach abgeknabberten Tannzapfen von Eichhörnchen oder nach Spuren von Hasen und Rehen.

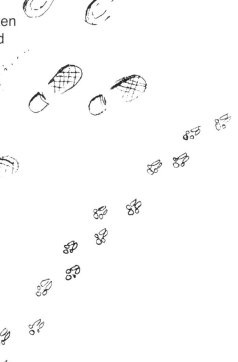

Winter

## Lieber Schneemann, ach o weh! Leider bist du nur aus Schnee...

Für den Fall, dass sich der Schnee eher spärlich blicken lässt, brauchen wir:

*ein Plastikbecken voll Schnee*
*Plastikunterlage*
*Sachen aus der Krims-Krams-Kiste*
*Buch: "Lieber Schneemann, wohin willst du?"*

Zusammen mit den Kindern sammeln wir Schnee. Für einmal wird ein Schneemann im Hause gebaut und währenddessen erzählen wir ihnen die Geschichte vom Schneemann. Dabei können die Kinder beobachten, dass es ihrem Schneemann genauso ergeht wie dem in der Geschichte. Vielleicht ist dann die Traurigkeit über die Wasserlache auf dem Boden nicht so gross!

*"Lieber Schneemann, wohin willst du?" von Gerda Marie Scheidl im Nord-Süd Verlag*

## Schnee im Farbkleid

→ *Sprayflachen, S. 20*
*Wasser*
*Plakatfarben oder*
*Lebensmittelfarbe*

Riesengrosses Malen auf der schneebedeckten Wiese, Schneemännern ein anderes Kleid anziehen oder einem Schneemonster ein rotes Fell über die Ohren ziehen?
Die Umgebung wird von den Kindern mitten im weissen Winter farbig verändert und alle Nachbarn werden mit grossen Augen zusehen!

## Schnee kochen

*Schüsseln oder Pfannen*
*Schwingbesen,*
*Kochlöffel*
*Lebensmittelfarbe (flüssig)*

Je nach Wetter «kochen» wir drinnen oder draussen.

Mit Schüsseln und Pfannen wird Schnee gesammelt.

Drinnen im Raum werden noch einige Tropfen Mal- oder Lebensmittelfarbe zum Schnee beigegeben.
Das «Kochen» mit allen möglichen Küchenutensilien darf beginnen.
Ein Experiment ist garantiert.

**Tip:**
Der farbintensive Randensaft ist ausgiebig und im Winter in vielen Küchen zu finden. Die Sprayflaschen können somit auch mit dieser «Farbe» gefüllt werden.

# Winter

### Eisstern

*grosse oder kleine Kuchenbackformen: Herz, Stern etc.*
*genügend frostige Temperaturen*

Sobald die Temperaturen unter Null Grad sinken werden die Kuchenformen mit Wasser und den verschiedenen Zutaten gefüllt.
Die Formen hinausstellen und bis zum nächsten Tag warten. Mit den Kindern verteilen wir nun die aus den Formen gelösten Herzen und Sterne auf den Fenstersimsen und in der näheren Umgebung.

### Farbige Sterne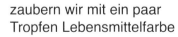

zaubern wir mit ein paar Tropfen Lebensmittelfarbe

### Glitzerstern

*Pailletten*
*Glimmer*
*Weihnachtsgirlanden*
*Glitzerfäden*
*Stücke von Gold- und Silberfolie*

### Naturstern

*kleine Zapfen*
*Zweige*
*Herbstblätter*
*Hagebutten*
*Rindenstücke*
*Gräser, Samen*
*Kieselsteine etc.*

## Futterkugeln für unsere Wintergäste

*Kokosfett*

*Körner:*
*1/3 fertige Vogelfuttermischung*
*2/3 Sonnenblumenkerne*

*Früchtenetzchen oder*
*Gartenabdecknetz*

*Schnur*

Die verschiedenen Körnerarten miteinander vermischen. Das Fett sollte eine cremeartige Konsistenz haben und wird mit den Körnern im Verhältnis 1:1 gemischt.

Alle Zutaten in eine oder mehrere Schüsseln verteilen, so dass alle Kinder die ganze Masse lustvoll durchkneten können. Zum Schluss werden «Schneebälle» geformt. Damit alles gut zusammenhält und die Vögel sich beim Fressen festhalten können, werden die Kugeln in Netzchen gesteckt. Mit einer Schnur gut zubinden und aufhängen.

# Winter

## Juhee der erste Schnee!

Vor allem Stadtkinder haben nicht jedes Jahr das Glück, im Schnee herumtollen zu können. Gerade darum wollen wir heute Winter spielen!

*Wir brauchen:*
*1 Stapel alte Zeitungen*
*Abdeck-Klebband*

Genussvoll werden grosse und kleine Schneeflocken aus den Zeitungsbogen gerissen. Bald wirbelt Schnee durch die Luft und es geht nicht lange, so fliegen Schneebälle nach.

Vielleicht kommt noch die Lust für's Skifahren!

Ski
*10 Zeitungsbogen 4 x falten und mit Klebband fixieren.*
*Für eine Skibindung kleben wir das Klebband einige Male lose um den Ski und drücken es zu einer Schlaufe zusammen, damit die Kinder ein- und aussteigen können.*

Skistöcke
*10 Zeitungsbogen eng zusammenrollen und mit Klebband fixieren.*

Das Skifahren macht müde. Wäre es jetzt Zeit für einen Skiznüni?

Später werden die Skistöcke in Schneebesen verwandelt, indem das eine Ende eingeschnitten wird.

Mit den vielen Besen und Schneepflügen (Kartonschachteln) wird gepfadet. Ein grosser, weisser Bettanzug, in welchem der alte Schnee hineingestopft wird, wird noch lange zum Austoben und Herumtollen dienen.

### Schneeglitzer

*Tapetenkleister (1 Teil)*
*Wasser (2 Teile)*

*weisse Plakatfarbe*
*Glimmer*
*schwarzes oder farbiges Papier*

Am allerschönsten ist natürlich der echte Schnee. Falls es draussen nicht danach aussieht, mogeln wir uns in eine Winterwelt.

Kleister zu einem ziemlich dicken, klumpenfreien Brei anrühren und einfärben. Glitter einstreuen und gut vermischen. Als Fingerfarbe verwenden oder mit dicken Pinseln auf schwarzes oder farbiges Papier auftragen.

### Seifenflocken-Schnee

wird wie die Seifenmousse hergestellt. Anstelle der Lebensmittelfarbe kann Glimmer eingestreut werden. Mit den Fingern den cremeartigen Schaum auf ein schwarzes Papier verstreichen. Das Papier wird zwar nach Schnee aussehen aber sicher nicht danach riechen!

→ Seifenmousse, S. 24

### Schneestürme

Heftige Schneestürme entstehen mit weissen Zuckerkreiden auf schwarzem oder farbigen Papier gemalt.
Das Papier kann auch mit einem nassen Schwamm angefeuchtet und mit unbehandelten Tafelkreiden bemalt werden.

→ Zuckerkreiden,
→ Kreidenaquarell, S. 10

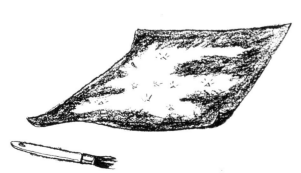

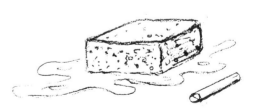

Winter

## Riesen-Schneeflocke

*grosse Styroporkugel*

Zum Aufspiessen:
*alte Stricknadeln
Holzspiesse
Drahtstücke*

*Styroporchips
Trinkröhrchen
Glitzerpapier
Regenbogenfolie
Tortenpapier-Resten
weisse Federn
Wattebällchen
Abschnitte von einer Filtermatte
der Dampfabzugshaube*

Das Material mit den Stricknadeln aufspiessen und in die Styroporkugel stecken. So wächst das Gemeinschaftswerk zu einer riesigen Schneeflocke.

## Engel im Schneekleid

*gleiches Material
wie Schneeflocke
dazu
Wollnadeln
Silber- /Goldfaden*

Auf einem Silber- oder Goldfaden das Material auffädeln. Zwei Federn für die Flügel in ein Styroporchips stecken und schon fliegt der Engel - oder ist es vielleicht doch eher ein Eisvogel - davon.
Je nach Fadenlänge entstehen auch lange Schneegirlanden.

## Schneebälle

*Zeitungen*

*weisses Krepp- oder
Seidenpapier*

*Tapetenkleister /1 Teil)
Wasser (2 Teile)*

Das Zeitungspapier zu Kugeln zusammenknüllen. Dies allein macht schon Spass!

Die Kugeln in den Kleisterbrei tauchen und mit dem Seidenpapier einwickeln.
Nach der Tocknungszeit haben die Kinder stabile Schneebälle zum Spielen, die vielleicht noch übersommert werden.
Wer kann mit den Schneebällen das Schneemonster vertreiben?

→ Schneemonster, S. 81

Winter

## Riechende Schlange

*grosser Kreis aus festem Papier*
*Weissleim*

*je 1 Teelöffel Gewürze wie:*
*Zimt*
*Nelkenpulver*
*Lebkuchengewürz*
*Ingwer*
*Kardamompulver*
*Koriander*
*Pfefferminzblätter, zerrieben*
*Kamille etc.*

Die Kinder bestreichen den Kreis mit Leim und verteilen die einzelnen Gewürze auf die Leimspuren. Wenn das Ganze angetrocknet ist, wird der Bogen zu einer Spirale geschnitten.

Über einen Heizkörper aufgehängt, dreht sich die Schlange im Kreis herum und verbreitet ihre feinen Düfte im Raum.

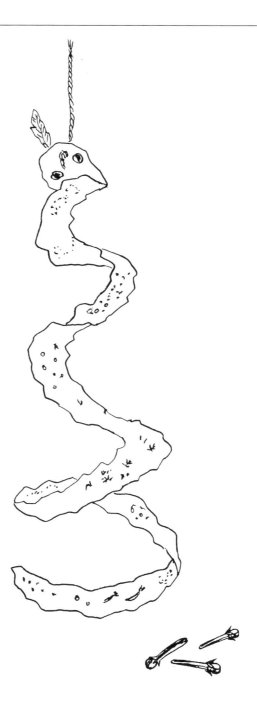

**Notizen**

# Fasnacht

109 Fasnachtsschlangen selber machen

110 Konfettispuren
   Konfettiballone

111 Konfetti-Salzteig

112 Fasnachtsfenster
   Konfetti-Tischset

113 Fasnachts-Hut
   Pappteller-Hüte

114 Fetzchenkranz

115 Masken und Larven
   Nasen-Maske

116 Fasnachts-Küchlein
   Pop Corn-Handschuh

117 Notizen

## Fasnachtsschlangen selber machen

*durchsichtige Klebstreifen (1 Rolle für jedes Kind)*
*grosser Haufen Konfetti im Kuchenblech oder Plastikbecken*

Für den Kopf:
*Klebfolie*
*Feder*

Jedes Kind erhält eine Rolle Klebstreifen und darf alleine arbeiten. Ein Stück Klebstreifen herausziehen (nicht abreissen!) und mit beiden Händen festhalten. Mit der Klebseite nach unten in die Konfetti tauchen. Das nächste Stückchen von der Rolle ziehen und wieder in die Konfetti tauchen. Dieser Vorgang wird so lange wiederholt bis das Kind entscheidet, dass seine Fasnachtsschlange lang genug ist.

Zum Schluss kann der Schlange noch ein Kopf angesetzt werden. Aus Klebfolie eine Kopfform schneiden und in die Konfetti tauchen. Zweite Folie darüberkleben und ausschneiden. Für die Zunge eine Feder oder ein Papierstück dazwischenlegen.

**Tip:**
Viele Schlangen-Streifen ergeben einen lustigen Vorhang oder Raumteiler.

Fasnacht

## Konfettispuren

*Tapetenkleister (1 Teil)*
*Wasser (2 Teile)*

*Konfetti*
*grosser Papierbogen*
*Pinsel*

Wasser und Kleister zu einem dicken Brei mischen.

Einen grossen Papierbogen auf den Boden legen, damit die Kinder im Stehen arbeiten können.

Mit dicken Pinseln Spuren malen und das Blatt mit Konfetti bestreuen. Abschütteln und die Spuren werden sichtbar.

## Konfettiballone

sind für den Fasnachtsumzug schnell hergestellt.
Den dicken Kleisterbrei auf die Ballone auftragen und diese in ein Becken voller Konfetti rollen. Fertig ist der Ballon im Tüpfelkleid.

## Konfetti-Salzteig

*pro Kind:*
*1 Tasse Mehl*
*1/2 Tasse Salz*
*1 - 1,5 dl Wasser*

*zusammenkneten, bis der Teig nicht mehr an den Fingern klebt*

*grosses Plastiktischtuch*
*Konfetti*

Während die Kinder einen Salzteig zubereiten, schneit es immer wieder Konfetti auf den Tisch. Die Konfetti werden in den Teig eingeknetet. So entsteht mit der Zeit ein lustiger Spielteig.

**Tip:**
Anstelle des Salzteiges Ton und Wasser (ohne Konfetti) anbieten. Gerade in dieser Jahreszeit haben die Kinder wenig Möglichkeit, sich mit Matsch, Sand und Erde auszudrücken.

# Fasnacht

## Fasnachtsfenster

*transparente Klebfolie
Konfetti
Fasnachtsschlangen
verschiedenfarbiges Seidenpapier
(in kleine Fetzen gerissen)
evtl. Glimmer*

Einen grossen Bogen transparente Klebfolie (so gross, damit alle Kinder daran arbeiten können) auf den Tisch oder Boden auslegen und mit Klebstreifen rundherum befestigen.
Die Kinder drücken die bereitgestellten Materialien auf die Folie.

Mit diesem Gemeinschaftswerk kann der Raum geschmückt werden oder die Kinder schneiden sich ihr Fasnachtsfenster aus und nehmen es nach Hause.

## Konfetti-Tischset

*2 Stück gleich grosse, transparente Klebfolien
Konfetti
Fasnachtsschlangen
Federn, Sternchen etc.*

Klebfolie rundherum mit einem Klebstreifen auf dem Tisch befestigen. So rollt sich die Folie nicht mehr ein und die Ränder bleiben frei. Die Kinder streuen viele farbige Sachen darauf. Alles mit der zweiten Folie zudecken und nachschneiden (evtl. mit Zickzack-Schere).

Und jetzt auf dem neuen Tischset genüsslich ein Fasnachtsküchlein essen!

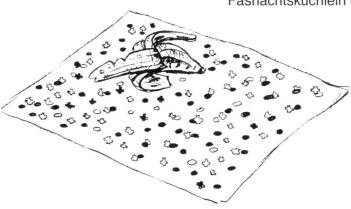

## Fasnachts-Hut

*grosse Bogen Halbkarton
Teppichklebband oder
Weissleim
Bostitch
Gummiband oder Stoffband*

*Collagematerial aus der Krims-Krams-Kiste:*

*Trockenblumen
Korkzapfen
Draht, Pfeifenputzer
Lametta
Flaschendeckel
Holzwolle, Ostergras, Putzfäden
Stoffresten
Papierfetzen*

Aus dem Halbkarton einen Kreis von mind. 35 cm ø ausschneiden. Die Kinder bekleben den Karton mit dem ausgesuchten Material, wobei natürlich viel Leim verwendet werden muss.

Nach dem Trocknen den Halbkarton vom Rand bis zur Mitte einschneiden und die Kanten zusammenheften. Gummiband oder Stoffbänder zum Binden, 5 cm vom Hutrand entfernt, anheften.

### Tip: Pappteller-Hüte

braucht man nicht zuzuschneiden und eignen sich zum Bekleben und Bemalen sehr gut. Die grössten Pappteller, die erhältlich sind, bis zur Mitte einschneiden und zur Chinesenhutform zusammenheften.

Fasnacht

### Fetzchenkranz

*Geschenkpapierresten, möglichst bunt und glänzend*
*Krepp- und Seidenpapierresten*
*Styroporchips*
*ca. 50 cm gut biegsamer Elektrodraht*

Zuerst die Papierresten in etwa 10 - 15 cm grosse Schnipsel reissen - einfach so, wie es der Zufall will. An einem Drahtende eine Schlaufe umbiegen. Mit dem anderen Ende spiessen die Kinder nun viele dieser Papierschnipsel auf. Dazwischen Styroporchips oder zerknülltes Seidenpapier einreihen, so füllt sich der Draht schneller. Am Schluss beide Enden ineinanderhaken und zu einem Kreis schliessen.

So entsteht ein lustiger, farbenfroher Kopfschmuck, den sogar Kinder, die sich nicht gerne verkleiden, anziehen!

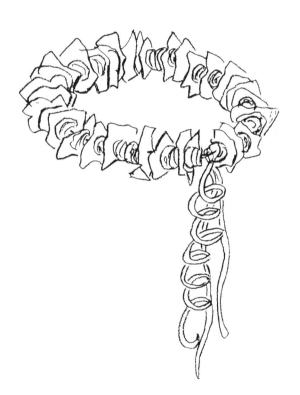

## Masken und Larven

pro Kind:
*Eierkartonschachtel-Deckel*
*Schere*
*runder Elastgummi, ca. 20 cm*
*Zahnstocher oder*
*Streichhölzer*

Zum Bemalen/Dekorieren:
*Plakatfarben*
*Fasnachtsschlangen*
*Konfetti und*
*Collagematerial aus der*
*Krims-Krams-Kiste*
*Weissleim*

Vorbereitung:
Kartondeckel auf allen 4 Seiten einschneiden oder einreissen.
Oberer Deckelrand: Frisur einschneiden.
Unterer Deckelrand: Nasen- und Backenform schneiden.
Augen ausschneiden.
Die Seiten sind die Ohren.
Evtl. unterer Teil abreissen.

Elastgummi mit einem eingeknüpften Stück Zahnstocher auf Augenhöhe und vor den Ohren befestigen.

Dem Kind die Maske anpassen und evtl. nachschneiden.

## Nasen-Maske

*für 2 Kinder:*
*1 Eierkartonschachtel-Boden*

*gleiches Material wie Maske*

Aus einem Eierkarton-Boden können zwei Nasenmasken ausgeschnitten werden.
Die Vertiefungen als Augen und die Spitze als Nase gesamthaft herausschneiden.
Löcher in den Vertiefungen herausschneiden.
Befestigung und Bemalung wie bei der Maske.

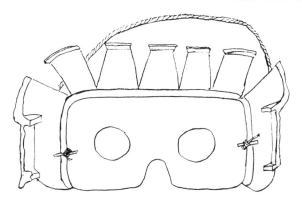
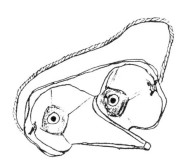

Fasnacht

## Fasnachts-Küchlein

Wenn wir überrascht sein sollten, dass es schon wenige Tage nach der Fasnacht keine Fasnachts-Chüechli zu kaufen gibt, dafür aber bereits reihenweise Schoggi-Osterhasen in den Regalen stehen, brauchen wir deshalb nicht zu verzagen. Steht ein Backofen in Reichweite, backen wir unsere Küchlein selber.
Dazu benötigen wir:

*Blätterteig*
*Puderzucker*
*Teesiebe*

Jedes Kind erhält ein Stück Teig zum Kneten. Der Teig kann auch in die Form gezerrt, ausgewallt und sogar auf das Gesicht gelegt werden, um so einen Gesichts-Abdruck zu erhalten. Vielleicht entsteht auf einmal eine Maske.

Irgendwelche Gebilde entstehen so oder so - auch ohne unser Zutun. Jedes Kind entscheidet auch von selbst, wann etwas fertig ist.

Wir backen das ETWAS im Ofen, bestreuen ES mit Puderzucker und ES wird mit Bestimmtheit gegessen.

**Tip: Pop Corn-Handschuhe**
wären als Proviant für den Fasnachtsumzug oder für den Fasnachtsznüni auch eine kulinarische Möglichkeit.
→ Schatzkästchen, S. 163

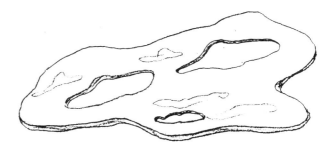

**Notizen**

# Frühling

119 Frühlingserwachen

120 Lieblingsbaum

121 Schnecken

122 Frühlingsland

123 Vogelfutter-Gärtchen

124 Feuerbohne
    Blumentöpfe
    Pet-Blumentöpfe

125 Blumenwiesen

126 Löwenzahnsirup

127 Notizen

## Frühlingserwachen

In der Natur finden wir viel Schönes, das wir für's Werken brauchen können:

*Moos*
*Weidenkätzchen*
*Haselnusswürstchen*
*Schneckenhäuschen*
*Birkenzweige*
*Blumen zum Pressen und Trocknen*

## Lieblingsbaum

Im Wald, Park oder in unserer Umgebung sucht sich jedes Kind seinen eigenen Baum aus. Einen Baum, der einem ganz alleine gehört, den man am liebsten umarmt, der am besten riecht, der die schönste Rinde hat, der hoch und dick oder klein und dünn ist.

Bestimmt werden die Kinder sich bei ihrem nächsten Spaziergang wieder an ihren Lieblingsbaum erinnern.

## Schnecken

Ein Ärgernis für jeden Gärtner -
für die Kinder eine Freude.
In unserer Umgebung suchen
wir Schnecken und richten
ihnen einen eigenen, wunderschönen Schneckengarten ein.
So können die Kinder sie
beobachten, füttern und sich
richtig in die Schneckenwelt
vertiefen.

Wichtig ist, dass alle
Schnecken wieder an ihren
Fundort zurückgebracht
werden!

Frühling

## Frühlingsland

*10 - 20 kg Modellierton aus der Ziegelei, Töpferei oder aus dem Hobbygeschäft*

*ca. 2 Päckchen Kresse oder Senfsamen*

*blühende Zweige, Schneckenhäuschen etc. aus unserer Umgebung*

*altes Backblech oder Holzbrett als Unterlage*

Aus Ton bauen die Kinder ein grosses Land mit Hügeln und Bergen, wässern die Oberfläche mit einer Pflanzensprühflasche und bestreuen es mit den Samen. Das Land nach Belieben mit Naturmaterial bestecken.
Die Landschaft während der nächsten Tage regelmässig besprühen.
Bereits nach 4 - 5 Tagen ist schon alles grün. Nach weiteren 2 Tagen kann der Berg abgegrast werden und die Ernte - am besten auf einem Butterbrot - degustiert werden.

## Vogelfutter-Gärtchen

*Erde*
*Vogelfutter*
*altes Backblech oder*
*Styropor-Schalen oder*
*Blumentöpfe*
*Moos*
*Kieselsteine*
*Tannzapfen*
*Zweige*

*Treibhaus-Deckel:*
*Plastikschale von Salzstengelchen*
*(einige Löcher einstechen, damit*
*die Erde nicht schimmlig wird)*

Die Kinder füllen die Schalen mit Erde und bestecken ihr Gärtchen mit den verschiedenen Naturmaterialien. Das Vogelfutter leicht in die feuchte Erde hineindrücken.
Während den nächsten Tagen sollte darauf geachtet werden, dass die Erde feucht bleibt. Bald können die Kinder den Frühling aus nächster Nähe beobachten.

**Tip:**
Für ein schnelleres Erfolgserlebnis: einige Kressesamen unter das Vogelfutter mischen.

# Frühling

**Feuerbohne**
oder türkische Bohnen

Der Frühling bringt wieder die Lust am Gärtnern. Die Kinder füllen Saaterde in die Blumentöpfe und stecken die Bohnen hinein. Die Töpfe brauchen ein helles, warmes Plätzchen am Fenster und müssen regelmässig gegossen werden.
Schon nach 4 - 6 Tagen gucken die ersten grünen Spitzchen aus der Erde.
Eine Kletterhilfe (Bambusstab oder Schnur) sollte für diese schnellwachsende Pflanze befestigt werden.
Bald sind diese Feuerbohnen grösser als die Kinder und bekommen leuchtend rote Blüten.
Im September/Oktober erwartet uns eine Ueberraschung. Aus den trockenen Schoten können wir wunderschöne Bohnen herausschälen - unser Saatgut für nächstes Jahr.

**Blumentöpfe**
aus Ton oder aus Plastik, können mit der wasserlöslichen und giftklassefreien Acrylfarbe bemalt werden.
Ist die Farbe trocken, wird sie wasserresistent.

**Pet-Flaschen**
eignen sich als Blumentöpfe sehr gut, wenn man den oberen Teil zur gewünschten Grösse abschneidet. Die Bildung der Wurzeln kann dabei noch beobachtet werden.

## Blumenwiese

*Styroporresten oder
Styroporschalen
Pins, Reissnägel
Zahnstocher, Holzspiesse
Pfeifenputzer
Stoffresten
Pralinenhüllen
farbiges Seidenpapier
Perlen*

Alle freuen sich auf einen wunderschönen, warmen Frühlingstag. Stattdessen regnet es und die Blumen zeigen nicht ihre volle Farbenpracht.

Mit diesem Material entstehen bestimmt farbige Wiesen mit den untypischsten Blumen! Vielleicht spüren wir so, dass es eigentlich Frühling wäre.

Frühling

## Löwenzahn-Sirup

*12 Hand voll Löwenzahnblüten*
*1/2 kg Zitronen*
*3 Liter Wasser*
*3 kg Zucker*

Gemeinsam sammeln wir die Blüten, die natürlich nur auf einer ungedüngten Wiese gepflückt werden dürfen.
Mit kaltem Wasser übergiessen und mind. 24 Stunden ziehen lassen.
Die Blüten mit dem Einweich-Wasser 15 Min. lang kochen und absieben.

Die Kinder pressen die Zitronen aus. Saft und Zucker dem Blütensud beigegeben und zu Sirupdicke einkochen.

Abgefüllt in kleinen Pet-Flaschen kann jedes Kind ein Portiönchen nach Hause nehmen. Im Kühlschrank aufbewahren.

**Notizen**

# Ostern

129 Ostereinkauf
   Hasenohren

130 Kleister-Ei
   Riesen-Ei

131 Osternest

132 Osterhuhn

133 Eier färben mit Hölzern,
   mit Malfarben
   Gipsei

134 Eier färben mit Wasserfarben,
   mit Kreiden,
   mit Seidenpapier

135 Notizen

## Ostereinkauf

Was zum Werken das ganze Jahr gebraucht wird, ist oft nur zu einer gewissen Zeit im Jahr erhältlich:

*Ostergras in allen Farben*

zum Malen, Färben, Köcheln:
*Blauholz*
*Rotholz*
*Gelbholz etc.*

## Hasenohren

Als Ergänzung für die vielen Rollenspiele brauchen wir

*1 Paar Achselpolster*
*1 Stirnband*
*Nadel, Faden*

Aus gesammelten Achselpolster nähen wir mit wenigen Stichen lustige Ohren für unsere kleinen Hasen, Löwen, St. Nikolaus-Esel und all die vielen Tiere, die immer wieder in Erscheinung treten.

# Ostern

## Kleister-Ei

*Miniballone (auch Wasserballone genannt)*

*Tapetenkleister (1 Teil)*
*Wasser (2 Teile)*
*Zeitungen*

Die Ballone in ihrer kleinsten Grösse aufblasen, verknoten und in den Kleisterbrei tauchen. Die Kinder bekleben die Ballönchen mit Zeitungsstreifen bis sie einigermassen fest sind. Die Eier in feuchtem Zustand in farbigem, fein zerschnittenen Osterstroh, in Sägemehl, in Konfetti, in Sand, in Glimmer usw. wenden

oder.
Die Eier auf einem Kuchengitter trocknen lassen und später bemalen und bekleben.

## Riesen-Ei

*1 Ballon*

*Tapetenkleister (1 Teil)*
*Wasser (2 Teile)*
*Zeitungen*

Herstellung wie Kleister-Ei, jedoch als Gemeinschaftswerk.

Wenn das Riesenei vollständig trocken ist, kann es in der Hälfte, z.B. in einer Zackenlinie, entzwei geschnitten werden.

Dieses Riesen-Ei wird bestimmt vom Osterhasen gefunden, um seine Ueberraschungen hineinzulegen.

**Tip:**
Für jedes Kind ein Knet-Ei herstellen. Im Riesen-Ei finden sie alle genug Platz.
→ Schatzkästchen, S. 197

## Osternest

*grosse Eierkartons oder
10-er Eierschachteln*

*Plakatfarben
Pinsel oder mit
→ Sprayflaschen, S. 20
färben*

*Tapetenkleister, Leim
Ostergras, Heu, Holzwolle
gefundene Eier
evtl. Ueberraschungsgeschenk für
jedes Kind*

Die Eierkartons entweder besprayen oder bemalen. Tapetenkleister auftragen und Ostergras hineinkleben. Farbiges Seidenpapier zerknüllen und als «Blümchen» hineinkleben.
Mit diesen Osternestern gehen die Kinder auf Eiersuche oder legen sie für den Osterhasen bereit.

### Tip:
Anstelle von Ostergras und Seidenpapier, mit Erde und Gräser füllen und die ersten Frühlingsblumen suchen und hineinstecken.

Ostern

## Osterhuhn

*Stroh, Heu oder Holzwolle
dicke Wolle
Pfeifenputzer
Federn
Trockenblumen
Gräser*

Aus Stroh, Heu oder Holzwolle ein grosses Ei formen. Einen kleineren Teil für den Hühnerkopf mit Wolle abbinden. Das Strohhuhn schmücken die Kinder nach ihren eigenen Vorstellungen als Gemeinschaftswerk. Dabei können die verschiedenen Materialien einfach in das Stroh gesteckt werden.

## Eier färben mit Hölzern

*Blau-, Rot-, Gelbholz*

4 - 5 Essl. der einzelnen Hölzer mit 1 Liter Wasser aufkochen und 10 Min. ziehen lassen. Rohe Eier zugeben und hartkochen.

## Gipsei

*Gipseier, erhältlich in Läden für landwirtschaftliches Zubehör oder in der Zoohandlung (ca. Fr. 1.--)*

Diese, als Legehilfe gedachten, weissen Gipseier, lassen sich auf alle Arten schmücken und bemalen.

Mit diesem besonderen Ei lässt sich erfolgreich «Eiertütschen».

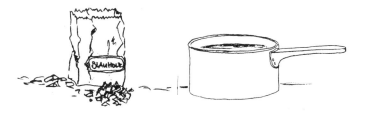

### Tip: Malfarben
Den Farbsud der Naturhölzer vermischen wir mit Kleister

*1 Teil Tapetenkleister*
*2 Teile Farbsud*

# Ostern

### Eier färben

*gekochte Eier*

*Wasserfarben*
*Pinsel, nicht zu dicke*

Am einfachsten geht es so, wie es der Osterhase selber macht und zwar mit Farben und Pinsel.

### Färben mit Neocolor II

*gekochte Eier*

*Neocolor II, Aquarellkreiden*
*Watte*
*Wasser*

Eine Art des Eierfärben, an der sich alle Kinder beteiligen können.
Mit dem angefeuchteten Wattebausch die Eier einreiben und mit den Kreiden bemalen. Mit den Fingern wird die feuchte Farbe verstrichen.

### Seidenpapier-Eier

*gekochte Eier*

*Essigwasser*
*viele farbige Seidenpapierresten*

Die in Essigwasser getauchten, nassen Eier in bunte Seidenpapierresten einwickeln und wieder auspacken.
Das abgefärbte Seidenpapier hinterlässt schöne, farbige Spuren.

**Tip:**
Gefärbte Eier mit Butterpapier oder etwas Öl einreiben.

**Notizen**

## Sommer

137 Sammeln was uns die Natur bringt

138 Farbenfest
Ton und Wasser

139 Giftsuppe

140 Wasserspiele
Was schwimmt - was sinkt

141 Gartenraupe

142 Strassenmalerei

143 Traumschiff

144 Zauberschmetterlinge
Schmetterling

145 Lampion

146 Heukissen

147 Rosenparfüm

148 Beeren-Eis

149 Notizen

## Sammeln was uns die Natur bringt

*Muscheln*
*Steine*
*Gräser*
*Baum-Rinden*
*Moos*
*Tannzapfen*
*Schneckenhäuschen*
*Korn, Weizen, Gerste*
*Mohnstengel mit Kapsel*
*Schilf*
*Lindenblüten*
*Pfefferminze*
*Lavendel*
*verschiedene Kräuter*
*Federn*
*Blumen zum Pressen und Trocknen*
*Pinien und Kiefernzapfen aus dem Süden*

Sommer

## Farbenfest

Kinder müssten eigentlich einmal im Jahr ein tolles Farbenfest erleben können.
An einem schönen, warmen Sommertag - mit Wasserschlauch oder Plantschbecken in der Nähe - wird es zum wahren Erlebnis.

*Mehrere Meter festes Papier- oder Tapetenstreifen, mind. 40 cm breit*

*Plakatfarben, evtl. mit Tapetenkleister verdickt*
→ *Naturhölzerfarben, S. 133*
→ *Naturfarben, S. 19*
*Pinsel, Schwämme*

Eine lange Papierbahn auslegen. Von den Kindern wird das Papier wahrscheinlich eher mit Händen und Füssen bemalt werden und mit der Zeit sehen sie vielleicht noch bunter aus als das Papier.
Ein Sprung ins Plantschbecken, eine Dusche aus dem Wasserschlauch und die Farbenpracht ist verschwunden!

**Tip: Ton und Wasser**
An einem schönen warmen Tag streichen sich die Kinder den nassen, kalten Ton auf die warmen Körperteile. Bald werden sie wie Ureinwohner aussehen. Mit der Zeit trocknet der Ton, spannt sich über die Haut und dabei entsteht ein kribbeliges Gefühl. Der Ton bröckelt langsam ab - der Zauber ist vorbei - aber es bleibt ein sinnliches Erlebnis.

## Giftsuppe

*Topf oder grosses Becken*
*Suppenschöpflöffel*
*Holzkellen, Holzstäbe, Aststücke*
*Schwingbesen*

*Zutaten:*
*Sand, Kieselsteine, Gräser,*
*Samen, Blütenblätter usw.*

*Färben:*
*Krepp-, Seidenpapier-Resten*
*Blau- oder Rotholz (wird mit*
*heissem Wasser zubereitet)*

*Schaum:*
*einige Tropfen Geschirrspülmittel*

Am besten wird die Hexenküche mitten im Garten eingerichtet.
Bis eine richtige Giftsuppe fertig ist, braucht es viele Zutaten, viele Hexenköchinnen und Zauberlehrlinge.
Mit der gewünschten Farbe erhält das Gebräu das typisch giftige Aussehen.
Wenn am Schluss noch alles mit etwas Seife aufgeschäumt wird, können wir sicher sein, dass die Giftsuppe uns auch diesmal wieder gelungen ist!

# Sommer

## Wasserspiele

*Plantschbecken, Badewanne oder
grosses Plastikbecken
Milchsieb
Litermass
Plastikflaschen oder -becher
Schwingbesen
Trinkhalme
Schwamm
Wäschebefeuchter
Gummihandschuhe
Fegebürsten
Spritzsack (wird ja normalerweise
zum Torten garnieren gebraucht!)
Neutralseife*

Alles an einem warmen Tag im
Garten bereitlegen. Abwarten
was die Kinder alles damit
anfangen können.

## Was schwimmt - was sinkt?

Das können die Kinder mit allen
Gegenständen ausprobieren.
Was passiert mit den Steinen,
Hölzern, Blumen?

## Gartenraupe

*farbiger Nylon-Damenkniestrumpf
oder
Nylon-Kinderstrumpfhose (Beine abschneiden)*

*feines Sägemehl (Tierhandlung)
Rasensamen
Wasser
Plastikbecken
Draht
Knöpfe*

Ein Becken mit Wasser füllen und das Sägemehl einstreuen. Wenn sich das Sägemehl mit Wasser vollgesogen hat, wird es in den Strumpf gestopft. Dazwischen immer wieder eine Hand voll Rasensamen streuen.
Das Ende zuknöpfen. Am Kopf zwei Knopfaugen mit Draht befestigen.

Schon nach wenigen Tagen bekommt die Raupe Grashaare.
Nicht vergessen, an heissen Tagen Wasser zu geben!

# Sommer

## Strassenmalerei

Da kann auch der grimmigste Nachbar nichts dagegen einwenden:

*Büchsen, gefüllt mit Wasser*
*dicke Pinsel*
*Bürsten*
*Schwämme*

An einem heissen Sommertag gehen wir auf den Pausenplatz, auf einen leeren Parkplatz oder auf ein ungefährliches Trottoir. Mit diesen Utensilien bewaffnet, wird der Asphalt mit Wasser «bemalt».

## Traumschiff

*Styroporplatten oder
Holzplatten ca. 20 x 30 x 1 cm*

*alles aus der Krims-Krams-Kiste
Zweige, Ästchen, Tannzapfen,
Schneckenhäuschen, Holzresten*

*Tapetenkleister (1 Teil)
Wasser (1,5 Teile) oder
wasserfester Leim, falls das Schiff
seetüchtig sein sollte
Schnur*

Die Kinder kleben oder stecken beliebig viel Material auf das Holzbrett oder das Styroporstück. So schafft sich jedes Kind sein eigenes Schiff oder seine Insel.
Natürlich reicht ein Plantschbecken, um zu sehen, wie gut das Schiff fahren kann.

### Tip: Styroporresten

finden wir in Mulden auf einer Baustelle oder bekommen sie von TV-Video-Geschäften. Im Hobby-/Baumarkt sind sie für wenig Geld erhältlich.

### Holzresten

schenken uns normalerweise Schreinereien und Zimmereien.

## Sommer

### Zauberschmetterlinge

*grosses Zeichnungspapier
Plakatfarben
Pinsel*

Mit dem Pinsel grosse, verschiedenfarbige Farbkleckse auf dem Papier verteilen. Das Papier zusammenfalten und mit Hilfe eines Zauberspruches fest auf das Blatt drücken.
Beim Öffnen kommt ein schöner Schmetterling zum Vorschein.

### Schmetterling

*Kaffeefilterpapier (wenn möglich weiss)
Pfeifenputzer*

*Lebensmittelfarben (flüssig oder trocken)
mit 1 - 2 dl Wasser pro Farbe mischen*

*Pinsel
Wattestäbchen oder
→Wäscheklammer-Stempel, S. 58*

Eine Seite wird mit wässriger Farbe bemalt, damit die hintere Seite gleichzeitig farbig wird.

Den Filter an zwei Seiten aufschneiden und in der Mitte einen Pfeifenputzer befestigen. Schon ist wieder ein neuer Schmetterling geboren.

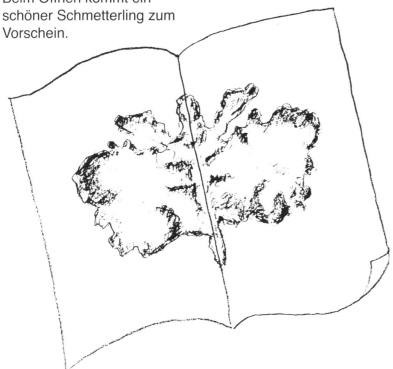

## Lampion

*Staubsaugersäcke*
*Plakatfarben*
*Speiseöl*
*Scheren*
*Bostitch*

Kerzenhalter:
*Rechaudkerze*
*Kartonstück*
*Alu-Folie*
*Teppichklebband*

Die Kinder bemalen ihren Lampion und bestreichen ihn nach dem Trocknen mit in Speiseöl eingetauchten Pinseln. So wirkt der Lampion transparenter.
Zusätzlich können im oberen Teil Löcher herausgeschnitten werden.

Mit Draht spannen wir einen Ring um den Staubsack, falten das Papier darüber und befestigen es mit einem Bostitch. Ein Drahtbügel wird diagonal am Ring befestigt.

Kerzenhalter:
Das Kartonstück dem Staubsack-Boden anpassen und mit Alu-Folie überziehen. Die Rechaudkerze mit Teppichklebband festkleben. Kerzenhalter mit Teppichklebband auf den Lampionboden befestigen.

Fertig ist der Lampion für ein schönes Sommerfest.

Sommer

## Heukissen

Für viele ist frisch geschnittenes Gras der Inbegriff von Sommer. An regnerischen Sommertagen erinnert uns dieses Heukissen an die warmen Sonnenstrahlen.

*Leintuchstoff oder fertiger Kissenanzug*

*Heu vom Bauern oder von der Zoohandlung*

Wir nähen für jedes Kind ein Kissen. Auf einem Spaziergang füllen die Kinder ihre Kissen mit frischem, trockenem Heu (nach Allergien fragen!).

Vielleicht sollten wir noch vorher den Besitzer der Wiese um Erlaubnis fragen!

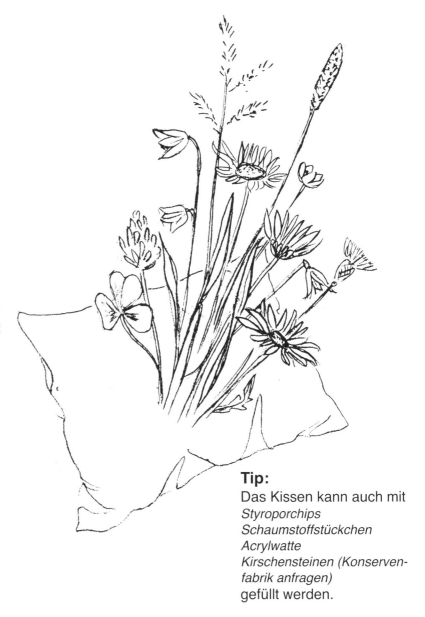

**Tip:**
Das Kissen kann auch mit
*Styroporchips
Schaumstoffstückchen
Acrylwatte
Kirschensteinen (Konservenfabrik anfragen)*
gefüllt werden.

## Rosenparfüm

*Rosenblätter*
*Konfitüregläser*
*Wasser*
*Holzstäbe, Holzkellen, Äste*

Die Rosenblätter werden, kurz bevor sie abfallen, gepflückt und in ein Glas gelegt. Etwas kaltes Wasser dazugiessen und die Blätter mit einem Holzstab zerdrücken. Die Kinder können auch nach Herzenslust mit anderen Blüten experimentieren und dabei die vielen Geruchsvarianten riechen.

Die Blumenparfüme sind nicht trinkbar und riechen bereits am nächsten Tag nicht mehr so blumig.

### Tip: Duft-Badesalz
Rosenblätter mit grobkörnigem Meersalz mischen und in Marmelade-Gläser abfüllen. Jedes Kind kann eine Badeportion nach Hause nehmen und in den Rosenblättern baden.

Sommer

## Beeren-Eis

*Beeren*
*Sirup*
*Eiswürfelschalen*
*Zahnstocher*

Die Kinder belegen die Eiswürfelschale mit Früchten und füllen sie mit Sirup auf.
Vor dem Gefrieren in jede Beere einen Zahnstocher stecken.

**Notizen**

# Schatzkästchen

151 Erinnerungsstücke oder
Geschenke von Kindern
für Kinder

152 Schatzkästchen

153 Flaschenzauber

154 Zauberglas

155 Schneekugel

156 Hyazinthen-Glas

157 Bilderrahmen
Goldene Nüsse -
silberne Steine

158 Sparschlange

159 Pappmaché-Topf

160 Piratenhut
Sonnenhut

161 Kissen
Seidentüchlein
Duftsäckchen

162 Hand oder Fuss-Abdruck

163 Pop Corn Handschuh

164 Geburtstagskerze
Lied

165 Ballonkind

166 Geburtstags-Schlange

167 Geburtstagskalender

168 Fest-Girlanden

169 Kuchen
Kuchenset

170 Knallbüchse

171 Tätsch-Bumm

172 Geburtstagsland

173 Notizen

## Zum Abschied einige Erinnerungsstücke oder Geschenke von Kindern an Kinder

- Spielteig                               Seite  29
- Seifenblase                             Seite  25
- Strassenkreiden in einem Sack           Seite   9
- Sonnenhut                               Seite 160
- Hand- oder Fussabdruck                  Seite 162
- Heukissen                               Seite 146
- Seidentüchlein als Duftsäckchen         Seite 161
- Zauberglas                              Seite 154
- Feuervogel                              Seite  70
- Halskette                               Seite  42
- Krone                                   Seite  43
- Flaschenzauber                          Seite 153
- goldene Nüsse - silberne Steine,        Seite 157

Ein schönes Schlusserlebnis ist ein Spielfest mit gemeinsamem Grillieren, Baden am Bach, am Brunnen spielen, mit Farben, mit Seifenblasen...

Auf den folgenden Seiten sind Ideen, die Kinder mit wenig Hilfe selber machen können.

Schatzkästchen

## Schatzkästchen

Wohin mit all den Schätzen, die überall zu finden sind? All die kleinen Kostbarkeiten, die zum Staunen, Berühren und Betrachten anregen, wie Steinchen und Muscheln vom Strand, eine Feder vom Wald, ein Schokoladeherzchen?

Um diese Schätze aufbewahren zu können eignen sich am besten:

*Zigarrenschachteln*
*Schuhschachteln*
*Pralinenschachteln*
*Weinkisten mit Deckel*

Damit das Schatzkästchen auch wirklich kostbar aussieht, bieten wir viel Glänzendes an:

*Glanzpapier*
*Glimmer, Lametta*
*Glasperlen*
*Muscheln*
*Spiegelstückchen*
*Gold-/Silber-Selbstklebefolie*
*Motiv-Locher (Papeterie)*

*Plakatfarben*
*Gold-/Silberfarbe*

*Weissleim*

## Flaschenzauber

→ *Kreidesalz, S. 11*
*Pet-Flaschen,
Gewürzgläser oder andere
durchsichtige Fläschchen mit
Korken oder Deckel verschliessbar*

*1 Trichter
Löffel*

Die Kinder füllen mit Hilfe von Trichtern und Löffeln die verschiedenen Farben in die Flaschen ab.
Die Farbabstufungen ergeben ein wunderschönes Bild, welches in der Flasche eingefangen ist.
Ganz auffüllen und Deckel schliessen. Beim Bewegen der Flasche sollte sich das Kreidesalz nicht verschieben können.

Schatzkästchen

## Zauberglas

*Pet-Flaschen,
formschöne Gewürzgläser oder
Marmeladegläser
Scheren und Locher*

Füllung:
*Geschenkbändelchen
Plastiksäcke (zum Lochen)
Glimmer
Tüllstoff
Gemüsenetzchen aus Plastik
Sternchen
Wollfäden
Pailletten*

Zauberwasser pro Glas:
*Wasser mit Lebensmittelfarbe
einfärben,
1/4 Kaffeelöffel Salz
3 Tropfen Fensterputzmittel*

Die Kinder schneiden und lochen die Materialien und füllen ein wenig von diesem Gemisch in die Marmeladegläser.
Das Zauberwasser bis zum Glasrand einfüllen und den Deckel mit wasserfestem Leim ankleben.
Schütteln und beobachten!

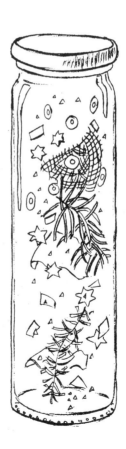

# Schneekugel

*Spielfigur*
*Marmeladen-/Gurkenglas*

*Wasserfester Leim oder Heissleim*
*(Papeterie oder Hobbygeschäft)*
*Plastikkügelchen (Füllmaterial für*
*Stofftiere) oder*
*Glimmer oder*
*weisser Radiergummi, geraffelt*
*(Parmesan-Raffel)*

*Wasser*
*1/4 Kaffelöffel Salz*
*3 Tropfen Fensterputzmittel*

Die Figur in den Deckel kleben.
Wasser, Salz und Putzmittel
einfüllen.
Deckel mit wasserfestem Leim
zukleben.

Das Glas schütteln - so wird die
Figur im Glas zu jeder Jahreszeit im Schneesturm stehen.

# Schatzkästchen

## Hyazinthenglas

Pro Kind:
*Hyazinthenglas*
*1 Hyazinthenknolle*

→ *Fingerfarben, S. 14*
*evtl. Pinsel*

Das Glas mit den Fingerfarben bemalen und trocknen lassen. Jedes Kind wird sich am Wachstum seiner Hyazinthe freuen, wenn die Farbe der Blume sichtbar wird und die Wurzeln immer dichter werden.

Viele Blumen und Pflanzen sind nicht essbar auch wenn sie noch so wunderbar riechen!

## Bilderrahmen

*1 dicker Karton, A 4 oder A3*
*Wellkarton-Streifen*
*Weissleim*

*Plakatfarbe, silber und gold*

*Collagematerial wie:*
*Glitzerfolie*
*Federchen*
*farbige, goldene oder silberne*
*Kieselsteine*
*Muscheln*
*Schneckenhäuschen*
*Funkelperlen*
*Glimmer*

Auf den Karton rundherum Wellkartonstreifen als Rahmen kleben. Während der Trocknungszeit den ganzen Karton beschweren, damit er sich nicht biegt.

Die Kinder bemalen und bekleben nach Lust und Laune ihren Rahmen. Vielleicht wird das Abschiedsfoto oder ein vom Kind gemaltes Bild eingeklebt.

## Goldene Nüsse - silberne Steine

*Plakatfarbe, gold- und silber*
*evtl. Glimmer*
*Weissleim*

*Steine*
*Schneckenhäuschen*
*Tannzapfen*
*Baumnüsse*
*Muscheln*

Mit den Kindern suchen wir auf einem Spaziergang die Besonderheiten der Natur und geben ihnen noch den festlichen Glanz dazu.

Ein besonderer Glanz entsteht, wenn man die Gegenstände mit Leim bestreicht und im Glimmer wendet.

### Tip:
Vielleicht enthält eine goldene Baumnuss auch ein paar Smarties, ein Glöckchen, einen Glitzerstein, eine Murmel oder ein winzig kleines Puzzle.

Schatzkästchen

## Sparschlange

*1 Figurenballon (lange, dünne Ballone)*

*Tapetenkleister (1 Teil)*
*Wasser (2,5 Teile)*
*Zeitungen*
*Plastikbecken*
*Schnur*

*Cutter*
*Plakatfarbe*
*evtl. Lack*

Den Ballon zur gewünschten Länge aufblasen. Die Zeitungen in lange Stücke reissen und in den Kleister tauchen. Den ganzen Ballon mit dem Pappmaché überziehen.
An einem Ende kann eine Schnurschlinge mit eingekleistert werden, damit die Schlange später aufgehängt werden kann.
Nach der Trocknungszeit bemalen und evtl. lackieren.
Mit dem Cutter einen Sparschlitz schneiden.
Die Schlange ist jetzt bereit, das Kleingeld in ihrem langen Körper aufzubewahren.

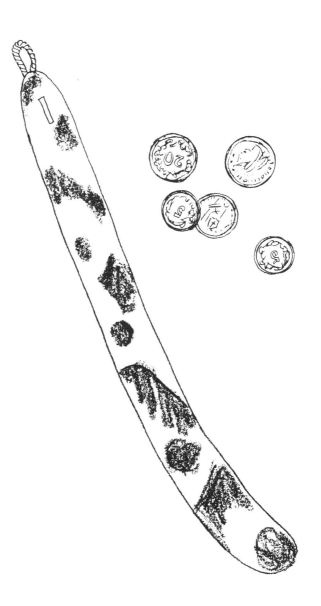

## Pappmaché Topf

*1 Übertopf aus Plastik (ohne Löcher)*
*Tapetenkleister (1 Teil)*
*Wasser (2,5 Teile)*
*Zeitungen*
*Krepp- oder Seidenpapier*

*Schubimehl (Holzmodelliermasse vom Bastel-/Hobbygeschäft)*
*Plakatfarbe*

Den Übertopf mit Pappmaché überziehen, dabei sollte auch der Rand nach innen ca. 5 cm überzogen werden. Die letzte Schicht mit farbigem Krepp- oder Seidenpapier überziehen.

### Tip:
Auf die Einfärbung des Schubimehls kann verzichtet werden, wenn der Topf am Schluss mit Acrylfarbe bemalt wird.

### Figuren
Schubimehl in Portionen aufteilen, damit sie verschiedenfarbig eingefärbt werden können. Dabei wird die Plakatfarbe mit dem nötigen Wasser vermischt und das Pulver zugegeben (Anweisung auf Packung berücksichtigen).

Die feuchten Figuren auf dem noch nassen Topf andrücken. Trocknen lassen. Am Schluss lackieren.

# Schatzkästchen

## Piratentuch

für 2 Kinder:
*weisses Baumwolltuch,
mind. 60 x 60 cm
Stofffarben
Moosgummi
Zickzack-Schere für Moosgummi-Resten*

Das Quadrat in der Diagonalen entzwei schneiden. Die Kanten evtl. mit dem Zickzack-Stich umnähen.
Mit Stofffarben, Pinsel, → Wäscheklammer-Stempel, S. 58, das Tuch bemalen.

Den Moosgummi, gemäss Schablone, ausschneiden. Dieser kann von den Kindern mit Moosgummiresten und Weissleim dekoriert werden.

Den Moosgummi in der Mitte der Diagonalen des Tuches annähen.

## Sonnenhut

*weisser, unbeschrifteter Sonnenhut
Stofffarben*

Auch ein fertig gekaufter Sonnenhut kann von den Kindern so farbenfroh bemalt werden wie sie möchten.

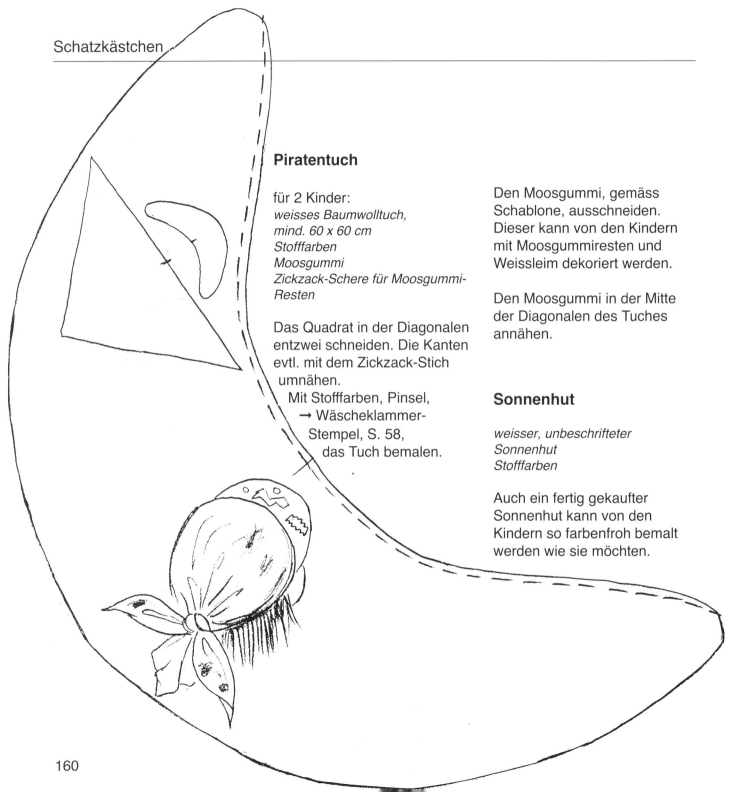

## Seidentüchlein

*Seidentuch*
*Seidenmalfarben*

*Pinsel,*
*Wattestäbchen oder*
*→ Wäscheklammer-*
*Stempel , S. 58*

*evtl. Sprühflasche*

Seidentuch an allen Seiten mit
Abdeckklebband befestigen.
Evtl. mit wenig Wasser
besprühen.
Mit Wäscheklammer-Stempel,
Wattestäbchen oder Pinsel die
Farben auftragen.

Die Tücher können mit kleinen
Überraschungen gefüllt werden:

Murmeln
Naschereien
kleines Geschenk
→ Seifen, S. 26
→ goldene Nüsse/silberne
   Steine, S. 157
→ Duftsäckchen, S. 51

# Schatzkästchen

## Hand- oder Fussabdruck

*ca. 4 kg Gipspulver für 10 Kinder
Gummischüsselchen,
zum Anrühren von Gips
(beides vom Hobby-/Baumarkt)
Spachtel
Wasser*

*Gemüsekartonschalen,
Styroporschalen oder
flacher Karton*

Pro Kind:
*ca. 1 Joghurtbecher Gipspulver*

Nach dem Gipsabdruck:
*Lauwarmes Wasser zum Waschen der Füsse und Hände bereitstellen.*

Achtung: kein Gips und auch kein Gipswasser in den Abfluss giessen. Resten hart werden lassen und dann in den Abfall werfen.

Gips bindet sehr rasch ab und muss daher für jedes Kind einzeln angerührt werden:

Gips und Wasser im Gummischüsselchen zu einem dicken Brei anrühren und in die Schale giessen. Nun drückt ein Kind seinen nackten Fuss auf die Masse und hebt ihn vorsichtig wieder ab. Zurück bleibt ein deutlicher Fussabdruck, der in wenigen Minuten hart wird. Während der Trockungszeit spüren, wie der Gips immer wärmer wird.

Schon nach einigen Monaten wird das Kind sehen, dass die Hand oder der Fuss bereits nicht mehr so gut in den Abdruck hineinpasst.

**Tip:**
Dem Wasser Plakatfarbe beigeben und so einen farbigen Gips anrühren.
Bevor die Hand auf den Gips gelegt wird die feuchte Hand in Glimmer tauchen.

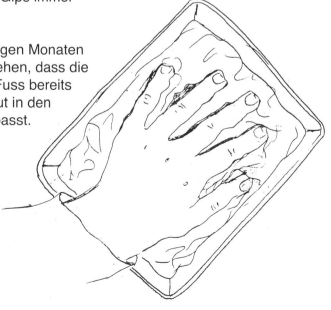

## Pop Corn Handschuh

*Einweg-Plastikhandschuhe
(durchsichtig)
Schnur
Pop Corn*

Als lustigen Proviant werden die Plastikhandschuhe mit Pop Corn eingefüllt. Bis alle Finger gestopft sind, braucht es allerdings etwas Mithilfe. Den Handschuh oben zubinden.

## Tip:
Als besonderen Gag für «rotlackierte Fingernägel»:

*rote Kaugummikugeln oder Zuckerhimbeeren*

in die Fingerspitzen der Handschuhe stecken.

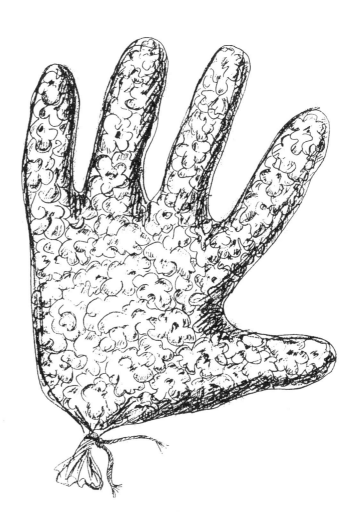

# Schatzkästchen

## Geburtstagskerze

*kleines (ca. 1 - 2 dl) durchsichtiges Glas*

*Kokosfett, in allen Lebensmittelgeschäften erhältlich*

*Murmeln, Glimmer und Sternchen*

*Stricknadel*
*Docht, Grösse je nach Gefässbreite (Drogerie, Bastelgeschäft)*
*Draht*

Kokosfett auf schwacher Hitze schmelzen. Den Draht zu einem Ring formen und den Docht daran befestigen. Mit einer Murmel beschwert ins Glas legen.

Dochtspitze mit einer Stricknadel durchstechen und diese auf den Glasrand legen. Etwas Kokosfett hineingiessen und erkalten lassen.
Einige Murmeln, Sternchen und Glimmer daraufzulegen. Nochmals Kokosfett hineingiessen und die zweite Glimmerschicht darauf verteilen.

Das Kokosfett ist in kaltem Zustand undurchsichtig. So sieht man die Murmeln erst, wenn die Kerze etwa 2 Minuten brennt. Das Glas wird nicht heiss.

## Geburtstagslied

Happy birthday to you, happy birthday to you, happy birthday, happy birthday, happy birthday to you

Dieses Lied ist international bekannt.
Allerdings kann es auch noch in andere grenzüberschreitende Sprachen «übersetzt» werden wie in Miau, Miau, Miau oder Muh, Muh, Muh, oder Güggerigü, quaack, piep...

Es ist zu berücksichtigen, dass es nicht jedem Kind wohl ist, im Mittelpunkt zu stehen und gefeiert oder besungen zu werden.

## Ballonkind

*Ballone*
*Flachkarton*
*Wollfäden*
*Federn*
*wasserfester Filzstift*
*Leim oder*
*Tapetenkleister*

Das Geburtstagskind stellt sich, mit geschlossenen Fersen, auf ein Stück Karton. Die Füsse mit einem Stift umranden und ausschneiden. Den Nippel des aufgeblasenen Ballons zwischen die Papierfüsse stecken.

Das Ballonkind oder der Ballonvogel oder was auch immer neu ausgedacht wird, kann als Gemeinschaftswerk beklebt und bemalt werden.

### Tip:
Wenn wir das Ballonkind auf ein Tuch setzen und dieses schütteln, wird es uns einen lustigen Tanz und hohe Purzelbäume zeigen.

# Schatzkästchen

## Geburtstags-Schlange

*Toilettenrollen*
*Schnur*
*Bostitch*

Füllen mit
*Kleber*
*Ballone*
*Murmeln*
*ungesponnene Wolle*
*Tannzapfen*
*Steine gold und silber*
*Füllung evtl. nach Jahreszeit*

Schlangenkopf:
*eine farbige Socke*
*Acrylwatte/Zeitungspapier*
*wasserfester Filzer für die Augen*
*oder*
*Knöpfe ankleben*

Jedes Kind bemalt seinen Schlangenteil selber.

Die Socke mit Füllmaterial stopfen und die Augen und Zunge daran befestigen. Den Schlangenkopf mit einer Schnur zusammenziehen und die Rollen, welche mit Namen und Geburtsdatum versehen sind, der Reihe nach auffädeln.

Die Überraschungen im voraus in die Rolle legen und mit dem Bostitch verschliessen oder am Geburtstag des Kindes füllen.

## Geburtstagskalender

*verschieden farbige Blätter
Format: A4 oder grösser
Nostalgie- oder Glanzbildchen
Tierbilder etc. aus Illustrierten
Postkarten*

Für jedes Kind ein Geburtstagsblatt gestalten (Name, Datum, Bild). Mindestens die Hälfte und die Rückseite des Blattes frei lassen, damit die Kinder diese mit ihren eigenen Ideen füllen können (Erinnerungen wie Kussmünder, Finger- und Handabdrucke der Freundinnen und Freunde).
Der Kalender hängt auf Kinderhöhe und darf, wie jedes andere Bilderbuch, jederzeit betrachtet werden.
Im Laufe des Jahres wird er immer dünner, da jedes Kind sein Blatt mit nach Hause nehmen darf.

### Tip:
Das Kalenderblatt von den Eltern mit Fotos und eigenen Ideen gestalten lassen.

Schatzkästchen

## Fest-Girlanden

*Toilettenpapier-Rollen,
Krepp-Papier,
Stoffresten oder
Plastiksack-Streifen*

*Plakatfarben
Bostitch*

Es brauchen nicht immer
gekaufte Festgirlanden zu sein,
um einen Raum zu schmücken.
Viele kleine Kinderhände haben
schnell meterlange, farbige
Girlanden gemalt.

Die farbigen Rollen auf eine
lange Schnur auffädeln und die
Papierstreifen zwischen den
Rollen mit dem Bostitch
befestigen.

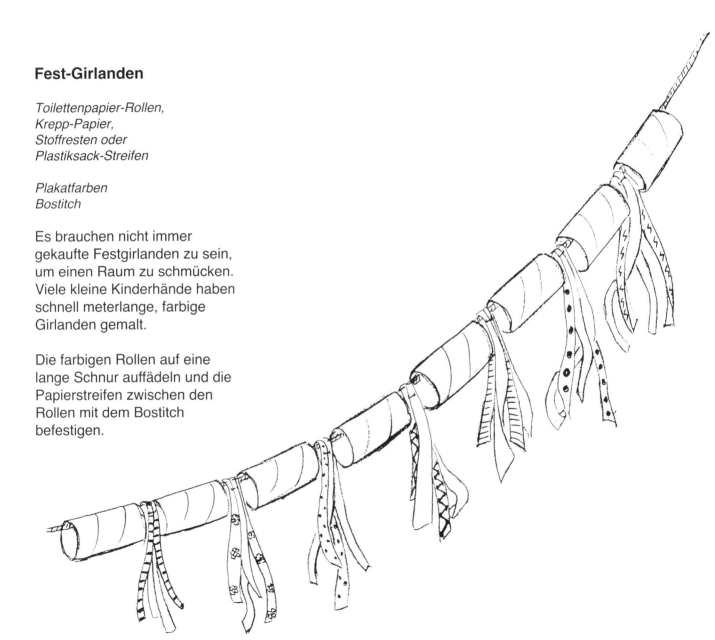

## Kuchen

*unverzierter Kuchen*

*Puderzucker, zusammen mit
Saft von 1 Zitrone zu einer dicken
Glasur rühren (evtl. Lebens-
mittelfarbe beimischen)*

*Dekoration, wie z.B.
Smarties
Silbermandeln
Zuckerkügelchen
Gummibärchen
kandierte Früchte
Weinbeeren
Mandeln
Kerzen (1 Wunderkerze)*

Am Geburtstag bringt die
Mutter des Geburtstagskindes
jeweils einen unverzierten
Kuchen mit. Die Kinder haben
so die Gelegenheit, diesen
Kuchen selber und genussvoll
zu dekorieren.

**Tip:**
Menge grosszügig bemessen!
Gute Köche degustieren gerne
und ausgiebig alles, was auf
den Kuchen muss.

## Kuchenset

*für alle Geburtstagskuchen.*

*grosser, fester Papierbogen
Plakatfarbe, gold und silber
Klebfolie*

Das Papier bemalen und nach
dem Trocknen mit Klebfolie auf
beiden Seiten überziehen.
Gewünschte Grösse und Form
ausschneiden (evtl. mit
Zickzack-Schere).

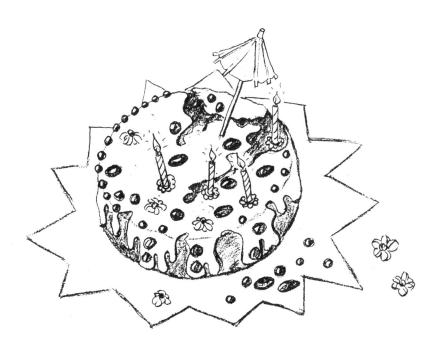

Schatzkästchen

## Knallbüchse

*Konservendose oder
grosse Büchse
Ballon
Baumwollschnur ca. 10 cm.*

*kleine Geschenke
Süssigkeiten*

Büchse beidseitig aufschneiden und drei Löcher für die Aufhängung bohren.
Den Ballon in der Büchse aufblasen bis er gut festsitzt und zuknüpfen. Eine Schnur von ca. 10 cm anknüpfen. Büchse aufhängen und die Kleinigkeiten auf den Ballon legen.

Wenn die Schnur angezündet wird, platzt der Ballon und der Inhalt fällt herunter.

## Tätsch-Bumm

*1 grosse Tischbombe*
*Füllmaterial, z.B.*
*Konfetti*
*farbige Federn*
*Ballone*
*Pop Corn*
*Gummibärchen*
*andere kleine Naschereien*

Den Plastikdeckel sorgfältig abheben und den Inhalt ausleeren. Nun kann die Tischbombe ganz nach den eigenen Ideen gefüllt werden. Einziges Kriterium: der Inhalt darf nicht zu schwer werden. Am Schluss den Deckel wieder aufsetzen.

Natürlich kann auch die Hülle noch umgestaltet werden (bemalen und bekleben). Steigt nun ein Fest, wird ein grosses Tuch auf den Boden gelegt und gespannt darf auf den grossen Moment gewartet werden.

Schatzkästchen

## Geburtstagsland

*Backblech*
*Streichhölzer*
*evtl. 1 Wunderkerze*
*Sand oder Erde*
*Steine, Muscheln*
*Alupapier*

Eine Phantasielandschaft mit feuchtem Sand oder Erde aufbauen. Vielleicht entsteht da ein Hügel und dort ein Teich (Alupapier).
Wenn die Streichhölzer richtig gesteckt werden, bildet sich eine schöne Lichterkette.

### Tip: Kerzenschiffchen
Etwas Wachs in Nussschalenhälften tropfen und Kerzenstummel andrücken. In mit Wasser gefüllten Blumenuntersätzen stellen.

**Notizen**

## Musik und Geräusche

Seiten für die Kinder

175 Kartonteller-Tamburin
    Gitarre

176 Tuthorn
    Rollen-Rassel

177 Samba-Rassel
    Pet-Rassel

178 Wassermusik

Für die Kinder gemacht

179 Glöckchen-Schwinger
    Schmirgelfeger

180 Gartenschlauch-Trompete
    Soblu-Samba

181 Geräusch-Ballone

182 Kuhglocke
    Kling-Klang-Nägel
    Triangel

183 Tamburin
    Xylophon-Girlande

184 Musik-Stuhl

185 Notizen

## Kartonteller-Tamburin

*2 Wegwerf-Kartonteller*
*Leim*
*Bostitch*
*Wachsmalkreiden, oder*
*Plakatfarben*

*Füllmaterial wie:*
*Maiskörner*
*Bohnen*
*Linsen*
*Kichererbsen etc.*

Die Teller werden mit den Kernen gefüllt, rundherum mit Leim bestrichen und zusätzlich mit dem Bostitch befestigt.

Da die Rückseite der Kartonteller meistens unbeschichtet ist, lassen sich verschiedene Farben verwenden.

Durch Schütteln werden, je nach Füllung, die unterschiedlichsten Geräusche erzeugt.

## Gitarre

*Zigarrenschachteln oder*
*grosse Streichholzschachteln*
*verschieden dicke Gummiringe*

Die Gummiringe werden um die Schachteln gespannt.

Durch Zupfen an den verschieden dicken Gummifäden entstehen hohe oder tiefe Töne.

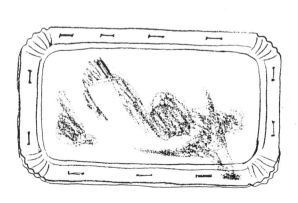

Musik und Geräusche

## Tuthorn

*Haushaltpapier-Rolle oder
Toilettenpapier-Rolle
Pic-Nic-Papier* (ca. 10 x 10 cm)
Gummiring*

*Tapetenkleister,
Konfetti,
Papierfetzen oder
Plakatfarbe*

Schnell ist ein neues Instrument hergestellt. Die Kinder können ihre Rolle bekleben oder bemalen oder mit Kleister einstreichen und durch die Konfetti rollen. An das eine Ende wird das Pic-Nic-Papier mit einem Gummiring angebracht.

Wenn die Lippen auf das Papier gepresst werden und gleichzeitig getutet wird, gibt es ein kribbeliges Gefühl Es ertönt ein zirpender Ton.

\* Pic-Nic-Papier oder Butterbrotpapier ist ein milchigweisses, beschichtetes Papier, um Butterbrote einzupacken. Erhältlich ist es in grossen Lebensmittelgeschäften.

## Rollen-Rassel

*Haushaltpapier-Rolle oder
Toilettenpapier-Rolle
Pic-Nic-Papier* (ca. 10 x 10 cm)
Abdeckklebband*

Füllmaterial:
*Kerne, Körner, Kaffeebohnen
Sand
Linsen
Knöpfe
etc.*

Ein Stück Pic-Nic-Papier mit dem Klebband an das Rollenende befestigen. Füllmaterial einfüllen und das andere Ende mit dem Pic-Nic-Papier verschliessen.

Rollen entweder mit Zeichnungen überkleben oder mit Plakatfarben bemalen.

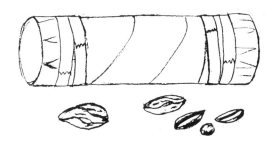

## Samba-Rassel

*alte Glühbirne*

*Tapetenkleister (1 Teil)*
*Wasser (2,5 Teile)*
*Zeitungspapier*

*farbiges Seidenpapier oder Plakatfarben*

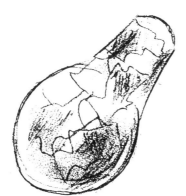

Zeitungspapier in Stücke reissen. Kleister anrühren und Zeitungsschnipsel eintauchen. Lagenweise werden die feuchten Zeitungsstücke an die Birne geklebt. Am Schluss das farbige Seidenpapier darüberkleben.

Wenn die Papiermasse ganz trocken ist wird die Rassel heftig auf den Boden geworfen. Nur so zerspringt im Innern das Glas der Glühbirne und erzeugt somit einen Rasselton.

Die trockene Rassel kann bemalt werden.
Allfällige Schäden mit Kleister-Papierschnipsel verkleben.

## Pet Rassel

*0,3 l Petflaschen mit Deckel (ohne Etiketten)*

Inhalt:
*Sand, Kies*
*Nägel, Schrauben*
*Knöpfe*
*Kirschensteine*
*Vogelfutter*

Kinder mögen die Pet-Rassel auch ohne Verzierung, ansonsten kann

*Tapetenkleister*
auf die Flasche gepinselt und
*Seidenpapierresten*
aufgeklebt werden

oder
*ein durchsichtiger Klebfolienstreifen*
*mit Konfetti, Papierfetzchen...*
wird auf der Flasche befestigt.

Musik und Geräusche

**Wassermusik**

*verschiedene Flaschen oder Gläser*
*Holzstab*
*Trichter*
*Lebensmittelfarbe, flüssig (evtl. mit einer Pipette dazugeben)*
*Wasser in einem Krug*

Die Gläser werden von den Kindern ein- und umgefüllt. Mit den verschiedenen Farbtönen ergeben sich neben der experimentellen Musik noch neue Farbkompositionen.

Die nachfolgenden Ideen eignen sich nicht zur Herstellung mit Kindern bis zu 5 Jahren. Sie sind dafür gedacht, dass wir sie ihnen fertig zur Verfügung stellen. Diese Instrumente könnten auch an einem Elternabend gemeinsam hergestellt werden.

## Schmirgelfeger

*Holzresten*
*Sandpapier, fein - grob*
*Leim*

Je zwei Kinderhand-grosse Holzresten einseitig mit Sandpapier bekleben. Aneinandergerieben ergibt es ein herrliches Geräusch.

## Glöckchen-Schwinger

*Schwingbesen*
*Zange*
*Drahtbiegezange*
*Glöckchen*

Drahtschlaufen mit der Zange entzwei kluppen. Mit der Drahtbiegezange alle Enden umbiegen und Glöckchen anbringen.

Der Glöckchen-Schwinger darf noch einen Fantasie-Look bekommen, z.B. Knöpfe, Perlen, geschnittene Trinkhalme, gelochte Flaschendeckel aufreihen, oder Gemüsenetzchen, Weihnachtsbändelchen, Stoffresten, Wollfäden etc. einflechten.

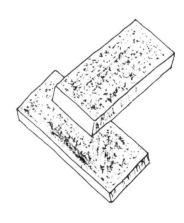

# Musik und Geräusche

## Gartenschlauch-Trompete

*Gartenschlauch*
*Trichter*

Mit einem Knoten im Schlauch und einem Trichter an das Schlauchende gesteckt, haben wir schnell ein neues Musikinstrument.

## Soblu-Samba

*leere Ölflasche aus Plastik,*
*mit Rillen*
*eine Kochkelle oder Rundstab*
*Plakat- oder Acrylfarbe*

Etikette übermalen oder entfernen. Mit einem Rundstab über die Rillen reiben. Der Rhythmus ist sofort klar: Samba-Lambada-Olé.

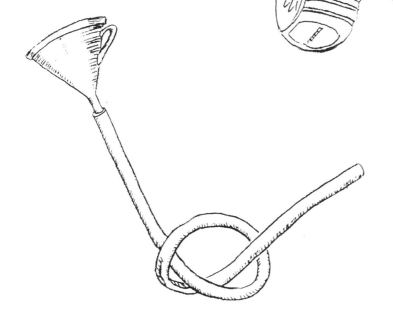

## Geräusch-Ballone

*12 Ballone (starke Qualität)*

*jeweils zwei davon gleich füllen,
z.B. mit:
1 Glöcklein
1 Hand voll feiner Sand
1 Hand voll Steinchen
3 Flaschendeckel
5 Wattestäbchen etc.*

Zuerst werden die Ballone gefüllt und nachher nicht zu prall aufgeblasen.
Auf Kinderhöhe aufhängen. Dadurch, dass immer zwei Ballone gleichartig gefüllt sind, ist es für die Kinder ein spannendes Spiel, alle zu schütteln, um die jeweils gleich-tönenden Ballone zu finden.

### Tip:
Wenn wir die einzelnen Ballone nur wenig aufblasen haben sie auch Platz in einer Kartonschachtel. So können die Kinder wühlen, horchen und finden.

## Musik und Geräusche

### Kuhglocke

*2 - 3 ineinanderpassende
Konservenbüchsen
Hammer
Nagel*

*Holzperlen oder Muttern
Schnur*

Pendel:
*dicke Unterlagsscheiben,
grosse Muttern oder
andere Metallstücke*

In die Büchsenmitte ein Loch einschlagen und die Schnur durchziehen.
Für die Abstände Holzperlen oder Muttern dazwischenknüpfen.

### Kling-Klang-Nägel

*die längsten Nägel
aus der Eisenwarenhandlung,
Länge ca. 20 cm
Schnur
oder dünner Draht
ein Stück Holzlatte*

In die Holzlatte bohren wir an beiden Enden zwei Löcher für die Aufhängung. Die Nägel mit der Schnur an der Latte befestigen.
Das Instrument sollte so aufgehängt werden, dass es nicht herunterfallen kann.
Gespielt wird mit einem einzelnen langen Nagel.

### Triangel

Ein Hufeisen aufhängen und mit einem Nagel von 20 cm Länge spielen.

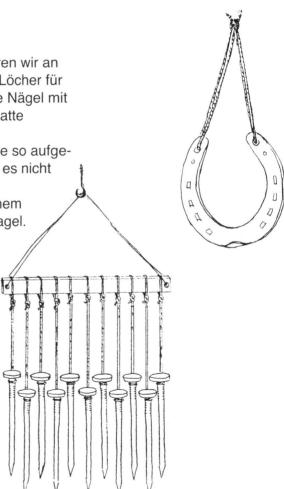

## Tamburin

*Blechdeckel von einer
Guetzli-/Keksdose
viele Flaschendeckel (Blech)
Blumendraht
dicker Nagel
Hammer*

Am Blechdeckelrand bringen wir zwei gegenüberliegende Löcher an. In die Flaschendeckel wird ein Loch eingeschlagen. Flaschendeckel auf Schnur oder Draht auffädeln und die Enden am Deckelrand befestigen.

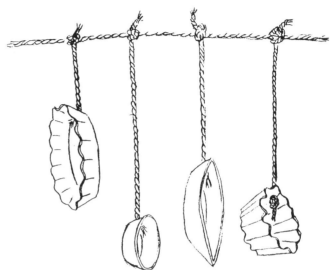

## Xylophon-Girlande

*alte Backförmchen (vom Flohmarkt oder Brockenhaus)*

*Hammer
Nagel
Schnur*

In die Förmchen ein Loch einschlagen und nebeneinander aufhängen.

Mit einem langen Nagel (20 cm) spielen und den verschiedenen Formen die Töne entlocken.

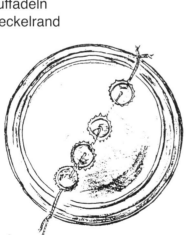

### Tip: Astgabelrassel
Der mit Flaschendeckeln aufgefädelte Draht kann auch zwischen einer Astgabel angebracht werden.

Musik und Geräusche

## Musik-Stuhl

*Gitarrenseiten*
*Glöckchen*
*Fahrrad-Klingel*

*und alle Musikinstrumente, die auf diesem Stuhl angebracht werden können.*

Am Musik-Stuhl können auch viele Kinder gleichzeitig miteinander Klänge ausprobieren und zusammen ihren Auftritt geniessen.

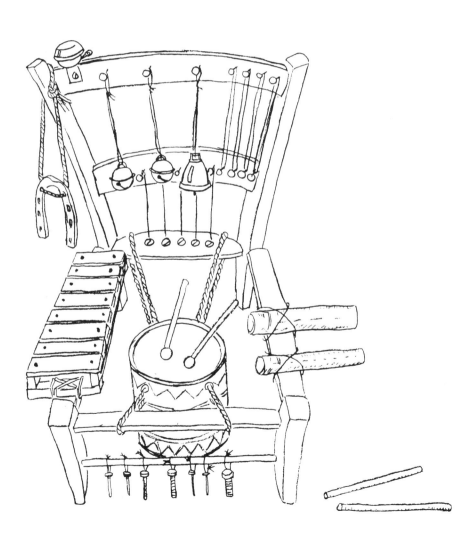

**Notizen**

## Spielen mit allen Sinnen

187 Spielen mit allen Sinnen

188 Rollenspiele

189 Perücke
   Langhaar-Perücke

190 Gemüsekorb
   Papier-Portemonnaie

191 Socken-Tiere

192 Klapperschlange

193 Fischerspiel

194 Rüsseltier

195 Tast-Puzzle
   Mini-Puzzles

196 Tastschachtel
   Tastspektakel

197 Knet-Eier

198 Steckspiel

199 Wirbelwind-Schachtel

200 Träumchenschachtel
   Gruselschachtel

201 Malort
   Farbpalette
   Malschürzen

202 Schreinerwerkstatt
   Holzhammer

203 Schachtelhaus
   Harassen

204 Schaumstoffwürfel
   Riesen-Gumpi-Kissen

205 Tischhäuschen
   Spiel- und Bücherecke

206 Streichelvorhang
   Seile

207 Bausteine aus Verpackungen

208 Sandspielzeug

209 Notizen

Nachfolgende Vorschläge
sind für Erwachsene gedacht,
die diese Ideen für ihre Kinder
realisieren wollen.
Sie können zum Teil auch an
Elternabenden bei einem
gemütlichen Zusammensein
hergestellt werden.

### Spielen mit allen Sinnen

Mit den Fingern spüren
mit den Ohren hören
mit der Nase riechen
mit der Zunge probieren und jetzt mit den Augen sehen.

Mit den Sinnen lernt das kleine Kind sich selbst und seine
Umgebung kennen. Es «greift» und «be-greift», es «fasst» und
«er-fasst» und durch das Greifen bekommt es seine Welt in Griff.

Spielen mit allen Sinnen

## Rollenspiele

In eine neue, andere Rolle schlüpfen, Prinzessin sein oder als gefährlicher Pirat das Spielzimmer unsicher machen oder vielleicht ein anschmiegsames Kätzchen spielen?

Rollenspiele sind für die meisten Kinder eine wichtige Ausdrucksmöglichkeit, die wir mit interessanten, vielfältigen Requisiten (auch vom Flohmarkt und Secondhandshop) unterstützen können.

Was in den Theaterkoffer gehört:

- originelle Kleider
- Gürtel
- Schmuck
- Handtaschen
- Hosenträger
- Handschuhe
- Strümpfe
- Schirme
- Hüte und Mützen    Seite   45
- Schuhe    Seite   44
- Brillen    Seite   52
- Perücken    Seite 189
-.Tierohren    Seite 129
- Schminkfarben    Seite   16

Ein grosser Spiegel an der Wand und Schminkfarben müssen immer bereitstehen.

## Perücke

*alte Wollmütze
kurze Gazebändel oder
Wollresten
Stoffresten
Girlanden*

zur Befestigung:
*Textilkleber (Warenhaus oder
Mercerie-Geschäfte) oder
Faden und Nadel oder
Bostitch*

So können die verrücktesten Perücken entstehen, welche die Kinder für ihre Rollenspiele immer wieder aus dem Theaterkoffer nehmen können.

## Langhaar-Perücke

*Nähmaschine
Halbkarton
Gazebänder
dicke Wollfäden
dünne Stoffstreifen*

Die Grösse des Kartons ist abhängig von der gewünschten Haarlänge. Die Bänder um den Karton wickeln. Mit der Nähmaschine in der Mitte durchnähen. Die Haare am linken und rechten Kartonrand durchschneiden und den Karton von der Naht abziehen. Nun können die Haare gezöpfelt oder zu einer Frisur geschnitten werden.

Die Haare auf einer dünnen, kopfanliegenden Mütze annähen.

**Tip:**
Alle Wollresten, ob farbige, dicke oder dünne Wolle, können für diese Perücke aufgebraucht werden.

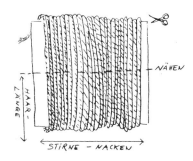

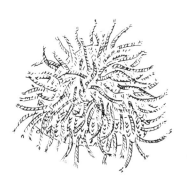

## Spielen mit allen Sinnen

### Gemüsekorb

*Bunte Stoff-, Filz-, Faserpelzresten (den Gemüsen entsprechend)*

Füllmaterial:
*Knöpfe
Sand
Bohnen
Acrylwatte
Kirschensteine
Linsen*

Anstelle von teuer gekauftem Gemüse aus Holz oder Pappmaché, näht man ein Gemüsesortiment lieber selber. Sie sind für den Verkaufsladen genau das richtige.
Mit den verschiedenen Füllungen kann das Gewicht, das Spüren und Fühlen, verändert werden. Dabei ist es für einmal uns Erwachsenen überlassen wie lang und dick die Karotte sein soll!

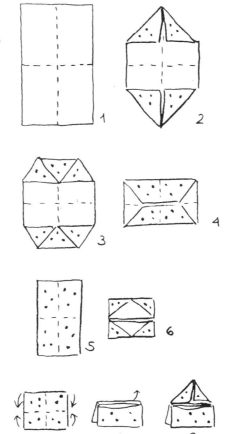

### Papier-Portemonnaie

Ein Portmonnaie braucht es im Verkaufsladen immer wieder. Hilfreich ist, wenn man sich die paar Handgriffe merkt.

*A4- Blatt*

1. das A4-Blatt im Kreuz falten
2. alle vier Ecken zur Mittellinie hin legen. 3. die beiden entstehenden Spitzen bis an den unteren Rand der umgebogenen Ecken biegen
4. beide Teile zur Mitte hin umschlagen 5. Blatt umdrehen
6. Schmalseiten an die Mittellinie falten und das Blatt erneut wenden 7. nach hinten zusammenklappen 8. aus einem der entstandenen Fächer ein Deckblatt herausziehen.
Fertig ist das Portemonnaie!

Geld rubbeln
→ Rubbelbilder, S. 55

Ein anregendes Buch über Falten gibt es beim Orell Füssli-Verlag: «Falten und Spielen» von Susanne Stöcklin-Meier

## Socken-Tiere

*alte Socken*
*Wolle*
*Ping-Pong-Bälle oder*
*Knöpfe für die Augen*
*Karton*
*Stoffresten*
*Faden, Nadel*

Socken in allen Grössen werden mit wenig Aufwand zu lustigen Tieren oder sogar zu richtigen Ungeheuern, mit denen die Kinder allerlei Geschichten erfinden können.

Sie können mit den Händen oder liegend mit den Füssen gespielt werden.

Auch auf Reisen helfen sie über langweilige Fahrtstunden hinweg. Der grosse, lange Bauch hat genügend Platz für alle gefundenen Schätze.

## Klapperschlange

*Kinderstrumpfhose*
*Glöckchen*
*Acrylwatte*

Von Kinderstrumpfhosen Hose und Füsse abschneiden und die Beine als Schlangenkörper aneinandernähen. Ein Beinabschnitt mit Fuss wird für den Schlangenkopf verwendet.
Vom Schlangenkopf bis zum Schwanzende mit Acrylwatte füllen.
Die Schlange wird beliebig lang, oder je nach Anzahl vorrätiger Strumpfhosen.
Bevor das Schwanzende zugenäht wird ein Glöckchen hineinstecken.

**Tip:**
Wollresten verwenden.
Viele Mütter reichen sich die Strickerei herum.
Es wird bestimmt eine lustige Schlange.

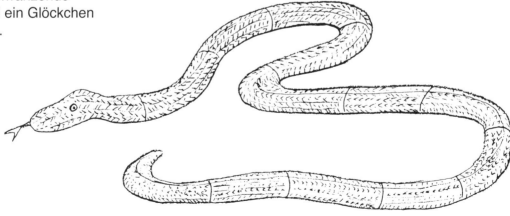

## Fischerspiel

Fische:
*Plastikflaschen mit Deckel,
z.B. Shampooflaschen*

*farbige Klebfolie (Papeterie) oder
Resten bei einem grossen
Malergeschäft oder
Dekorationsgeschäft erhältlich*

*Schrauben
Muttern
Unterlagsscheiben, grosse*

Angelrute
*Rundstab mit Schnur und
starkes Magnet*

Aquarium:
*grosse Karton-Schachtel oder
Wellkarton-Streifen aufstellen.*

Wir entfernen die Etiketten
und bekleben die Flaschen so
fischecht wie möglich.
In den Deckeln eine Schraube
mit Unterlagsscheiben an-
schrauben und mit einer Mutter
anziehen.

Spielen mit allen Sinnen

### Rüsseltier

*alter grosser Deckbettanzug*

*6 abgeschnittene Ärmel von alten Trikot-Pyjamas, Pullovern oder Strumpfhosenbeine*

*Nähmaschine*

In den Anzug 6 Löcher herausschneiden und an jedes Loch einen Ärmel nähen.

Im Rüsseltier können sich die verschiedensten Tastgegenstände verstecken. Weiche Tücher, eine Bürste, ein Schwingbesen.
Sogar ein Kind findet darin Platz.
Wer ist wohl heute wieder als Rüsseltier unterwegs und möchte sich streicheln, kitzeln und tätscheln lassen?

### Tip:
Für eine Schatz-Tast-Suche füllen wir das Rüsseltier mit Styropor und Nascherseien.

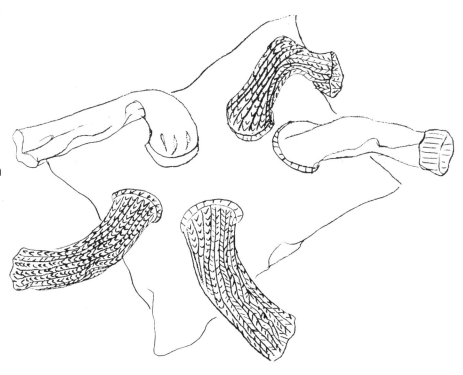

## Tast-Puzzle

*12 Bierdeckel*
*möglichst vielfältige Stoff-, Fell- und Tapetenresten*
*Schmirgelpapier*
*Sand*
*Hirse*
*Watte*
*Knöpfe*
*Weissleim*
*Cutter*

Jeden Bierdeckel mit anderem Material bekleben. Nach dem Trocknen mit Cutter in zwei Teile schneiden.

Dieses Puzzle bietet verschiedene Spielvarianten:

mit geschlossenen Augen erraten die Kinder, welche Teile zusammenpassen, oder

alle Teile liegen auf dem Tisch. Die Kinder legen beliebige Muster, oder

die Kinder suchen die zusammenpassenden Paare.

## Mini-Puzzles

sind schnell gemacht. Anstelle von Bierdeckeln können auch Flaschendeckel verwendet und mit tastbarem Material beklebt werden.

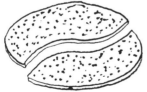

# Spielen mit allen Sinnen

## Tastschachtel

*1 grosse Schachtel*
*Plakatfarbe*
*Glimmer, evtl. Goldsternchen*
*Weissleim*
*Teppichmesser*

Zum Tasten:
*Steine, Muscheln, Sand*
*Mehl oder Talkpuder*
*Tannzapfen*
*Glöckchen*
*Balloneier,*
*Ballone, mit Wasser gefüllt*
*Bürsten*
*Pelzresten*
*hin und wieder nasser Schwamm*
*oder nasses Hirschleder*
*hineinlegen!*

Auf einer Schachtel-Seite zwei Löcher ausschneiden, so gross, dass eine Kinderhand hineinschlüpfen kann. Tastschachtel bemalen und dekorieren.
Die Kinder werden immer wieder in die Tastschachtel greifen, um zu spüren, ob nicht diesmal etwas Neues, Weiches oder Gruseliges drin steckt.

**Tip: Tastspektakel**
Für ein Spielfest kann auch ein grosses Tastspektakel angefertigt werden. Dazu braucht es mindestens 10 gleich grosse Schachteln. Jede einzelne Schachtel enthält etwas anderes. So kann das Tastangebot beliebig erweitert werden.

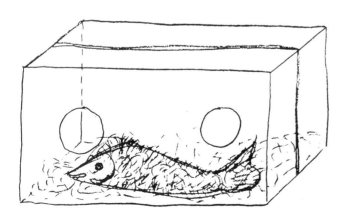

## Knet-Eier

*viele bunte, runde Ballone in Normalgrösse*
*1 Trichter*

*Füllmaterial:*
*Sand, grob und fein*
*Gipspulver*
*Sägemehl*
*Salz*
*Mehl*
*Mais*
*Griess*
*Reis*
*Linsen*

Mit Hilfe des Trichters, die Ballone mit ca. 2 - 3 Esslöffeln Sand füllen.
Den Ballonhals etwa 3 Mal umdrehen, wobei möglichst wenig Luft im Ballon zurückbleiben soll.
Den Ballonhals nun soweit dehnen, damit er über den gefüllten Ballon gezogen werden kann. Am besten geht dies zu Zweit.

Schön ist, diese farbigen Knet-Eier zu drücken, zu erspüren, zu verstecken und zu suchen.

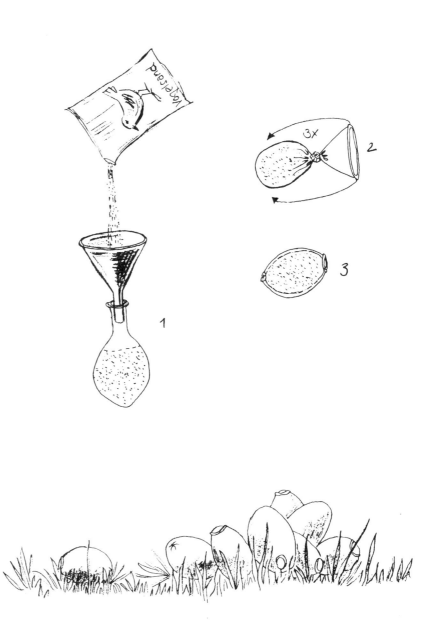

Spielen mit allen Sinnen

## Steckspiel

*viele Kartonbierdeckel*
*Locher*
*Schere*

Die Bierdeckel auf diese Schablone legen, an den 4 Punkten bezeichnen und anschliessend lochen.
Einen ca. 1 mm breiten Spalt einschneiden.

Ein anregendes Konstruktionsspiel kann beginnen.

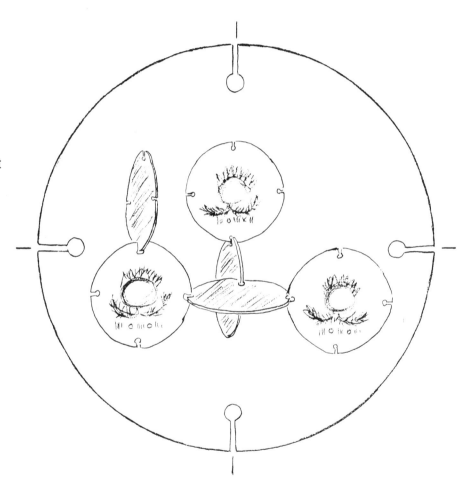

## Wirbelwind-Schachtel

*Schuhschachtel, flach oder Rand abschneiden*
*transparente Bucheinbandfolie (nicht selbstklebend)*
*Trinkhalme oder*
*4 Plastikschläuche, ca. 40 cm lang (Hobby- und Baumarkt)*

Füllmaterial:
*alles was leicht ist und fliegt*
*Federchen*
*Seidenpapierschnipsel*
*Styropormaterial*
*Wattebällchen*
*gepresste kleine Blätter*
*Löwenzahnsamen*

Ein Rechteck in den Deckel schneiden und das entstandene Loch mit der Folie bekleben.
In den Ecken 4 Löcher anbringen und die Röhren hineinstecken.

Durch die Röhren blasen die Kinder den Wind hinein und lassen die Federchen herumwirbeln.
Je nach Wetter schneit es (Styroporkügelchen) oder ein Herbstwind (Federchen, getrocknete kleine Blätter) weht durch die Schachtel.

# Spielen mit allen Sinnen

## Träumchenschachtel

*1 Schuhschachtel*

*Weissleim oder
Teppichklebband
farbige, transparente Bucheinbandfolie, nicht klebend
(Papeterie)*

Schachtelboden:
*Styroporchips oder
Styroporplatten oder
Blumenkitt oder
Ton*

Schachtelwände:
*Weihnachtspapier- und
Weihnachtsdekorationsresten
Postkarten*

Ausschmücken:
*Silberpapier/-fäden
Regenbogenfolie
Stoff-/Wollresten, Tüll
Trockenblumen, Äste
Schneckenhäuschen, Muscheln
Steine, Kristalle,
Perlen, auf Pfeifenputzer
aufgefädelt
Knöpfe, Pailletten, Murmeln
Federn, Pfauenfedern
Watte weiss, farbig
Spielfigürchen (Puppen, Tiere)*

Im Schachteldeckel ein rechteckiges Loch, 2 cm vom Rand, schneiden. Bucheinbandfolie im Inneren des Deckels einkleben. Schachtelwände mit Papier bekleben.
Schachtelboden mit Teppichklebband auslegen und Styroporchips andrücken.
Falls Ton verwendet wird mit Alufolie auslegen.
In den Boden alle möglichen und viele zauberhafte Sachen stecken.
In die Wände winzige Gucklöcher (max. 1 cm$^2$) schneiden.

Jetzt kommt der grosse Moment! Der Deckel wird aufgesetzt und durch die Gucklöcher eröffnen sich neue Welten. Besondere Tagträume und Nachtträume (mit der Taschenlampe) können beginnen...

**Tip: Gruselschachtel**
Anstelle von Märchenhaftem, Gruselhaftes - wie dunkles Papier, Gummispinnen oder Kastanienspinnen etc. - in die Schachtel stecken. Schachteldeckel ohne Loch! Nur mit einer Taschenlampe einsehbar.

## Mal-Ort

Weichpavatexwände
mit weisser Acryl- oder Dispersionsfarbe grundieren.
Pins zum Aufhängen der
Blätter.
Eine freistehende Staffelei
eignet sich bei Raumknappheit.

## Farben

Plakatfarben sind giftfrei.
Kleider vor dem Waschen in
kaltem Wasser einweichen - so
gehen die meisten Flecken
raus.

## Farbpalette

Wenn eine Bohrmaschine und
eine Stichsäge zur Hand ist,
kann diese Farbpalette selber
hergestellt werden. Es passen
Joghurt-Zirkulationsgläser
hinein, welche den Vorteil
haben, dass sie gut
verschliessbar sind.

*2 Sperrholzplatten 63 x 20 x 2 cm*
*2 Sperrholzstücke 2 x2 cm*
*Bohraufsatz 7 cm ø*
*Holzleim*

## Malschürzen

Von alten Hemden den Kragen
abschneiden, Ärmel verkürzen
und ein Gummiband einziehen.
Die Hemden hinten, mit dem
obersten Knopf, zuknöpfen.

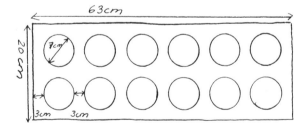

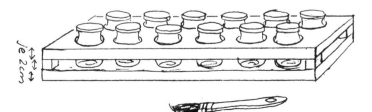

# Spielen mit allen Sinnen

## Schreinerwerkstatt

Die meisten Kinder lieben das Hämmern und Schreinern. Somit darf eine Kinderwerkstatt nicht fehlen.
Am besten steht ein stabiler Tisch, auf dem auch eingehämmerte Nägel nicht stören, immer an einem Ort.

Zubehör:
*viele lange Nägel*
*farbige Reissnägel*
*Unterlagsscheiben*
*Flaschendeckel*
*Gummiringli*
*kleine Hakenschrauben*
*kleiner Handvorbohrer*
*Zangen*
*viel weiches Abfallholz*

## Holzhammer

*Hartholzwürfel, 4 cm Seitenlänge*
*Rundholz ø10 mm, 20 cm lang*
*Holzleim*
*Bohrer ø10 mm*

Eisenhammer sind für Kinderhände nicht unbedingt geeignet.
Ein Holzhammer kann auf einfache Art selber hergestellt werden.
Mit dem Bohrer ein 2 cm tiefes Loch in den Würfel bohren und den Stiel mit Holzleim hineinkleben.

**Tip:**
Falls eine Kinderschreinerei nicht Platz hat, können auch Weichpavatexplatten oder weiche Holzplatten angeboten werden.
So kann auch auf dem Boden oder auf einem Tisch gehämmert werden.

## Einrichtungsvorschläge

Nicht jeder Raum ist für uns und die Kinder ideal. Manchmal ist er zu klein, zu ungemütlich, oder der Raum ist gemietet und unterliegt verschiedenen Geboten und Verboten. Manchmal genügen die kleinsten Veränderungen, um auch neue Spielnischen zu schaffen. Hier einige Vorschläge:

## Harasse

dienen sowohl als Stühle, Tischböcke, Raumabgrenzung und verwandeln sich im Nu in Zookäfige, Schiffe, und...

## Schachtelhaus

Grosse Kartonschachteln von Haushaltgeräten wie Waschmaschine, Kühlschrank...

*Plakatfarben*
*dicke Pinsel*
*Cutter*

Aus der Riesenschachtel lässt sich ein Spielhaus für die Kinder herstellen.
Das Dach mit einem Tuch und Wäscheklammern decken oder - je nach Geschick der Erwachsenen - aus Karton konstruieren.

Die Kinder werden ihren Spass haben, die grosse Fläche ihres Hauses zu bemalen. Falls dies die Erwachsenen selber übernehmen möchten, wird das Spielhaus mit Bestimmtheit eine Villa!

## Spielen mit allen Sinnen

### Schaumstoffwürfel

bilden aneinandergereiht eine grosse Liegefläche. Gleichzeitig werden sie zum Bauen und Herumturnen gebraucht.

### Riesen-Gumpi-Kissen

*Baumwollstoff für 2 Hüllen*
*Grösse: mindestens 150 x 150 cm*
*Styroporchips, Stroh, Heu oder Laub*

Zwei Stoffhüllen nähen und die eine Hülle mit dem Füllmaterial füllen. Gut zunähen.
Die zweite Hülle als waschbaren Überzug verwenden.

Die Kinder können ihr Gumpikissen mit Textilfarben bemalen oder auch mit den Farbsprayflaschen besprayen.

→ Farben sprayen, S. 20

## Tischhäuschen

Normal hohe Tische werden zu spannenden Häuschen. Masse des Tisches abnehmen und aus einem grossen Tuch ein phantasievolles Häuschen schneidern. Als Aktion kann das Häuschen von den Kindern selber bemalt werden.

## Spiel- und Bücherecke

Ein Holzlaufgitter ist für die verschiedensten Aktionen einsetzbar:

Verkaufsladen
Hütte
Bilderbuch-Ecke
Käfig für Zoo- oder Plüschtiere
Musikinstrumente

Als Untergestell für eine Tischplatte.

Als Zelt, wenn ein Moskitonetz darüber aufgehängt wird.

Mit verlängerten Eckstäben kann sogar orientalische Stimmung aufkommen.

# Spielen mit allen Sinnen

## Streichelvorhang

*Duschvorhangstange
verschiedene Stoffarten:
Samt
Seide
Leinen
grobe und feine Baumwolle
Boa-Schlange
Pelz*

Duschvorhangstange in einen Türrahmen einspannen.

Von jedem Stoff einen Streifen schneiden und an der Stange anknüpfen.

Dieser sinnliche Vorhang lädt ein, die Finger und das Gesicht streicheln zu lassen.

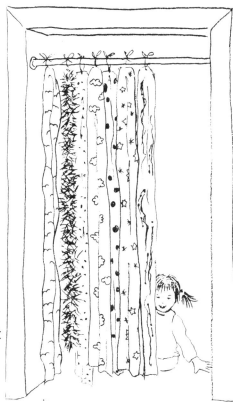

## Seile

werden immer gebraucht, entweder als Feuerwehrschläuche, zum Binden, Fischen, Abschleppen...
Weiche, bunte Seile (Litzenseile) erhält man im Spielwarengeschäft.

## Tip

Man zöpfelt Seile selber. Wir brauchen drei 5 cm breite und mindestens 2 m lange Trikot-Stoff-Bahnen. Dafür kann man alte T-Shirts verwenden und die einzelnen Streifen zusammennähen.

### Bauklötze

*Brik-Packungen von Milch und Obstsäften.*

Zuerst die Verpackungen auswaschen. Etwas Gips einfüllen und zum Trocknen auf die lange Kante legen.
Nach der Trocknungszeit mit Zeitungspapier ausstopfen und die Öffnung mit einem Klebband verschliessen.
Solche Bauklötze lassen sich zu stabilen Mauern aufschichten.

### Bausteine mit Eierkartons

*viele Eierkartons
Plakatfarbe*

Für diese Aktion braucht es viele Sammler. Die Kinder bemalen die Eierkartons und brauchen sie als Bauklötze.

### Bausteine aus Verpackungsschachteln

*viele stabile Kartonschachteln in allen Grössen*

Aufeinandergestellt werden sie zu hohen Türmen.
Zudem können auch die verschiedensten Sachen darin aufbewahrt werden.

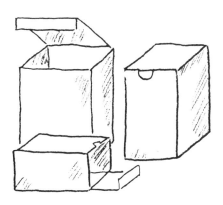

## Spielen mit allen Sinnen

### Sandspielzeug

*Plastikgefässe jeglicher Art*

Beim genauen Betrachten all unserer Gegenstände, die wir im Alltag brauchen, können diese für die Kinder leicht umfunktioniert werden. Auch wenn heute vieles in Nachfüllpackungen verkauft wird, gibt es noch immer aufwendige Verpackungen, die wir für andere Bedürfnisse verändern können.

So wird aus einer Waschmittel-Packung eine Giesskanne, wenn mit einem Cutter ein Loch ausgeschnitten wird.

Einer Pet-Flasche schneiden wir den oberen Teil ab und erhalten damit einen Trichter.

**Notizen**

Bezugsquellen-Nachweis

Folgende Materialien wurden erwähnt:

| | |
|---|---|
| Ton | ungebrannte Backsteine von einer Ziegelei |
| Styroporplatten | Baubedarf oder Baumulden |
| Styroporchips | Verpackungsmaterial (TV-Video-Geschäften) |
| Gips | Modell- oder Baugips oder weisser Gips (Baubedarf) |
| Gummischüsselchen | zum Anrühren von Gips (Baubedarf) |
| Holzabfälle | Schreinereien, Zimmereien |
| Pinsel | breite Malerpinsel (Baubedarf) |
| Papier | viele Druckereien haben die schönsten Restposten, die an Spielgruppen und Kindergärten verschenkt werden |
| Zeitungspapier | unbedrucktes Zeitungspapier, bei Zeitungsdruckern für Restrollen fragen |
| Neutralseife | von Hakawerk, in Apotheken und Drogerien erhältlich (für Seifenblasen) |

Diese Arbeitsmittel sind über die Spielgruppen-Zeitung erhältlich:

| | |
|---|---|
| Farbpaletten | oder eigene Anfertigung (Seite 201) |
| Lebensmittelfarben | oder beim Bäcker, Drogerien, Apotheken (teurer) |
| Plakatfarben | oder Hobbybedarf, Papeterie |
| Holzhammer | oder eigene Anfertigung (Seite 202) |
| Glimmer | oder Papeterie |
| Knöpfe | |
| Kinderscheren | |
| etc. | |

Die Spielgruppen-Zeitung erscheint 5 Mal im Jahr (Fr. 30.–).
Laufend werden neue Artikel zu günstigen Preisen angeboten.
Abonnement erhältlich bei: Spielgruppen-Zeitung, Postfach, 8600 Dübendorf 2, Schweiz

## Inhaltsverzeichnis nach ABC

| Titel | Seite | Titel | Seite |
|---|---|---|---|
| Adventsband | 83 | Farben sprayen | 20 |
| Adventsgesteck | 84 | Farbenfest | 138 |
| Apfelringchen | 60 | Farbfenster | 52 |
| Astgabel-Rassel | 183 | Farbiger Sand | 11 |
| Ballonkind | 165 | Farbpalette | 201 |
| Bauklötze - Bausteine | 207 | Fasnachts-Hut | 113 |
| Beeren-Eis | 148 | Fasnachts-Küchlein | 116 |
| Bilderrahmen | 157 | Fasnachtsfenster | 112 |
| Blättercollage | 73 | Fasnachtsschlangen | 109 |
| Blumentöpfe | 124 | Federn färben | 21 |
| Blumenwiese | 125 | Fenstertaschen | 15 |
| Clown-Apfel | 62 | Fest Girlanden | 168 |
| Clown-Nasen | 44 | Fetzchenkranz | 114 |
| Clown-Schuhe | 44 | Feuerbohne | 124 |
| Collage-Material | 33 | Feuervogel | 70 |
| Dezembereinkauf | 79 | Fingerfarben | 14 |
| Dörfchen | 90 | Fischerspiel | 193 |
| Duftsäckchen | 51 | Flaschenzauber | 153 |
| Eier färben | 134 | Früchteschalenpunsch | 76 |
| Eierkarton Knetmasse | 27 | Frühlingserwachen | 119 |
| Eierkartongärtchen | 59 | Frühlingsland | 122 |
| Eierschalen-Mosaik | 40 | Futterkugeln | 101 |
| Eisstern | 100 | Gartenraupe | 141 |
| Engel im Schneekleid | 104 | Gartenschlauch-Trompete | 180 |
| Erster Tag | 66 | Geburtstags-Schlange | 166 |
| Färben mit Aquarellkreiden | 134 | Geburtstagskalender | 167 |
| Färben mit Batikfarben | 23 | Geburtstagskerze | 164 |
| Färben mit Hölzern | 133 | Geburtstagsland | 172 |
| Färben mit Lebensmittelfarbe | 22 | Geburtstagslied | 164 |
| Farbbrillen | 52 | Geduldshelferchen | 85 |
| Farben | 201 | Geisterballon | 68 |

## Inhaltsverzeichnis nach ABC (Fortsetzung)

| Titel | Seite | Titel | Seite |
|---|---|---|---|
| Gemüsekorb | 190 | Kerzenschiffchen | 172 |
| Geräusch-Ballone | 181 | Klapperschlange | 192 |
| Geräuschspielball | 68 | Kleister-Ei | 130 |
| Gewürz-Collagen | 51 | Kleisterschmiereien | 12 |
| Giftsuppe | 139 | Kling-Klang-Nägel | 182 |
| Gipsei | 133 | Knallbüchse | 170 |
| Gitarre | 175 | Knet-Eier | 197 |
| Glitzer-Laterne | 88 | Knopf-Uhr | 67 |
| Glöckchen-Schwinger | 179 | Knotenpuppe | 47 |
| Goldene Nüsse-silberne Steine | 157 | Knusperbäumchen | 93 |
| Grittibenzen | 94 | Konfetti-Salzteig | 111 |
| Gruselschachtel | 200 | Konfetti-Tischset | 112 |
| Halsketten | 42 | Konfettiballone | 110 |
| Hand - oder Fussabdruck | 162 | Konfettispuren | 110 |
| Handpuppe | 47 | Konturensprayen | 57 |
| Harasse | 203 | Kreide-Aquarell | 10 |
| Hasenohren | 129 | Kreidesalz | 11 |
| Herbstfenster | 74 | Krokodil | 62 |
| Herbstzeit | 69 | Kronen | 43 |
| Herz zum Essen gern | 93 | Kuchen | 169 |
| Heukissen | 146 | Kuchenset | 169 |
| Hexenfrisuren | 16 | Kugelbahn | 46 |
| Himmelszelt | 75 | Kuhglocke | 182 |
| Holzbrett-Bild | 39 | Lampion | 145 |
| Holzhammer | 202 | Laubkrone | 72 |
| Hunde-Birne | 62 | Licht im Advent | 91 |
| Hüte | 45 | Lieber Schneemann | 98 |
| Hyazinthenglas | 156 | Lieblingsbaum | 120 |
| Ich-Insel | 48 | Löwenzahn-Sirup | 126 |
| Juhee der erste Schnee | 102 | Malen mit Pflanzen | 18 |
| Karotten-Gärtchen | 59 | Mal-Ort | 201 |

| Titel | Seite | Titel | Seite |
|---|---|---|---|
| Malschürzen | 201 | Rubbelbilder | 55 |
| Mandarinen-Öllampe | 91 | Rüsseltier | 194 |
| Mandarinen-Schlange | 61 | Salzteig | 28 |
| Marmorieren | 17 | Samba-Rassel | 177 |
| Masken und Larven | 115 | Sandschmiererei | 56 |
| Mehlpäppchen-Leim | 13 | Sandspielzeug | 208 |
| Mini-Puzzle | 195 | Schachtelhaus | 203 |
| Murmeln malen | 55 | Schatzkästchen | 152 |
| Musik-Stuhl | 184 | Schaumstoffwürfel | 204 |
| Nasen-Maske | 115 | Schiffchen | 36 |
| Naturfarben für Finger, Pinsel | 19 | Schlangenmonster | 35 |
| Orangen-Blüte | 61 | Schmetterling | 144 |
| Orangen-Schildkröte | 61 | Schminke | 16 |
| Ostereinkauf | 129 | Schmirgelfeger | 179 |
| Osterhuhn | 132 | Schnecken | 121 |
| Osternest | 131 | Schnee im Farbkleid | 99 |
| Papier-Portemonnaie | 190 | Schnee kochen | 99 |
| Pappmaché-Topf | 159 | Schneebälle | 105 |
| Pappteller-Hüte | 113 | Schneeglitzer | 103 |
| Perücken | 189 | Schneekugel | 155 |
| Pet Rassel | 177 | Schneemonster | 81 |
| Pflanzenpresse | 69 | Schneestürme | 103 |
| Piratentuch | 160 | Schreinerwerkstatt | 202 |
| Pop Corn Handschuh | 163 | Seerose | 60 |
| Riechende Schlange | 106 | Seidenpapier-Eier | 134 |
| Riechschachtel | 51 | Seidentüchlein | 161 |
| Riesen-Ei | 130 | Seifen | 26 |
| Riesen-Gumpi-Kissen | 204 | Seifenblasen | 25 |
| Riesen-Schneeflocke | 104 | Seifenblasen einfangen | 53 |
| Rollen-Rassel | 176 | Seifenflocken-Schnee | 103 |
| Rosenparfüm | 147 | Seifenmousse | 24 |

## Inhaltsverzeichnis nach ABC (Fortsetzung)

| Titel | Seite |
|---|---|
| Seile | 206 |
| Sinnesstrasse | 49 |
| Sirup | 30 |
| Soblu-Samba | 180 |
| Socken-Tiere | 191 |
| Sommer - Naturmaterial | 137 |
| Sonnenhut | 160 |
| Sonnenrad | 38 |
| Sparschlange | 158 |
| Spiel- und Bücherecken | 205 |
| Spielknete | 29 |
| Spuren legen | 56 |
| St. Nikolaus | 79 |
| Steckspiel | 198 |
| Steinzeit | 41 |
| Stempeln | 58 |
| Stoff sprayen | 57 |
| Strassenkreiden | 9 |
| Strassenmalerei | 142 |
| Streichelvorhang | 206 |
| Styroporchips-Leim | 13 |
| Tätsch-Bumm | 171 |
| Tamburin | 183 |
| Tamburin (Kartonteller) | 175 |
| Tast-Puzzle | 195 |
| Tastschachtel | 196 |
| Tastspektakel | 196 |
| Tischhäuschen | 205 |
| Ton und Wasser | 50 |
| Träumchenschachtel | 200 |
| Traumschiff | 143 |

| Titel | Seite |
|---|---|
| Triangel | 182 |
| Tupfenbilder | 54 |
| Tuthorn | 176 |
| Uhr zum Trost | 67 |
| Vogelfutter-Gärtchen | 123 |
| Wassermusik | 178 |
| Wasserspiele | 140 |
| Weben | 37 |
| Weihnachts-Potpourri | 87 |
| Weihnachtsfenster | 89 |
| Wetterröhren | 52 |
| Windlicht | 89 |
| Windrädchen | 71 |
| Winter und Schnee | 97 |
| Wirbelwind-Schachtel | 199 |
| Wundergarten | 34 |
| Wunschschachtel | 86 |
| Xylophon-Girlande | 183 |
| Zauberapfel | 60 |
| Zauberberg | 82 |
| Zauberbilder | 54 |
| Zauberglas | 154 |
| Zauberschmetterlinge | 144 |
| Znüni-Zauber-Häuschen | 92 |
| Zuckerkreide | 10 |

## Inhaltsverzeichnis nach Themen

| Thema | Seite |
|---|---|
| **Anfang** | |
| Erster Tag | 66 |
| Knopf-Uhr | 67 |
| Uhr zum Trost | 67 |
| | |
| **Einrichten** | |
| Farben | 201 |
| Farbpalette | 201 |
| Harasse | 203 |
| Holzhammer | 202 |
| Mal-Ort | 201 |
| Malschürzen | 201 |
| Riesen-Gumpi-Kissen | 204 |
| Schachtelhaus | 203 |
| Schaumstoffwürfel | 204 |
| Schreinerwerkstatt | 202 |
| Spiel- und Bücherecken | 205 |
| Streichelvorhang | 206 |
| Tischhäuschen | 205 |
| | |
| **Essen und Trinken** | |
| Apfelringchen | 60 |
| Beeren-Eis | 148 |
| Clown-Apfel | 62 |
| Eier färben | 134 |
| Färben mit Aquarellkreiden (Eier) | 134 |

| Thema | Seite |
|---|---|
| Färben mit Hölzern (Eier) | 133 |
| Fasnachts-Küchlein | 116 |
| Früchteschalenpunsch | 76 |
| Gipsei | 133 |
| Grittibenzen | 94 |
| Herz zum Essen gern | 93 |
| Hunde-Birne | 62 |
| Knusperbäumchen | 93 |
| Krokodil | 62 |
| Kuchen | 169 |
| Licht im Advent | 91 |
| Löwenzahn-Sirup | 126 |
| Mandarinen-Öllampe | 91 |
| Mandarinen-Schlange | 61 |
| Orangen-Blüte | 61 |
| Orangen-Schildkröte | 61 |
| Pop Corn Handschuh | 163 |
| Seerose | 60 |
| Seidenpapier-Eier | 134 |
| Sirup | 30 |
| Zauberapfel | 60 |
| Znüni-Zauber-Häuschen | 92 |
| | |
| **Färben** | |
| Färben mit Batikfarben | 23 |
| Färben mit Lebensmittelfarbe | 22 |
| Federn färben | 21 |

Inhaltsverzeichnis nach Themen (Fortsetzung)

| Thema | Seite |
|---|---|
| **Kleben-Kleistern-Schmieren** | |
| Blättercollage | 73 |
| Dörfchen | 90 |
| Eierschalen-Mosaik | 40 |
| Farbiger Sand | 11 |
| Fasnachts-Hut | 113 |
| Fasnachtsfenster | 112 |
| Fasnachtsschlangen | 109 |
| Glitzer-Laterne | 88 |
| Herbstfenster | 74 |
| Himmelszelt | 75 |
| Kleister-Ei | 130 |
| Kleisterschmierereien | 12 |
| Konfetti-Tischset | 112 |
| Konfettiballone | 110 |
| Konfettispuren | 110 |
| Kreidesalz | 11 |
| Mehlpäppchen-Leim | 13 |
| Pappmaché-Topf | 159 |
| Pappteller-Hüte | 113 |
| Riechende Schlange | 106 |
| Riesen-Ei | 130 |
| Sandschmiererei | 56 |
| Schneebälle | 105 |
| Schneeglitzer | 103 |
| Sparschlange | 158 |
| Spuren legen | 56 |
| Styroporchips-Leim | 13 |
| Weihnachtsfenster | 89 |
| Windlicht | 89 |

| Thema | Seite |
|---|---|
| **Kneten** | |
| Eierkarton Knetmasse | 27 |
| Futterkugeln | 101 |
| Konfetti-Salzteig | 111 |
| Salzteig | 28 |
| Seifen | 26 |
| Spielknete | 29 |
| | |
| **Krims-Kramsen** | |
| Bilderrahmen | 157 |
| Geduldshelferchen | 85 |
| Holzbrett-Bild | 39 |
| Osternest | 131 |
| Schatzkästchen | 152 |
| Schiffchen | 36 |
| Schlangenmonster | 35 |
| Traumschiff | 143 |
| Wundergarten | 34 |
| Wunschschachtel | 86 |
| | |
| **Malen** | |
| Stempeln | 58 |
| Farben sprayen | 20 |
| Farbenfest | 138 |
| Fenstertaschen | 15 |
| Fest-Girlanden | 168 |

| Thema | Seite | Thema | Seite |
|---|---|---|---|
| Fingerfarben | 14 | **Musik-Instrumente** | |
| Geburtstags-Schlange | 166 | | |
| Geburtstagskalender | 167 | Astgabel-Rassel | 183 |
| Goldene Nüsse-silberne Steine | 157 | Gartenschlauch-Trompete | 180 |
| Hexenfrisuren | 16 | Geräusch-Ballone | 181 |
| Ich-Insel | 48 | Gitarre | 175 |
| Konturensprayen | 57 | Glöckchen-Schwinger | 179 |
| Kreide-Aquarell | 10 | Kling-Klang-Nägel | 182 |
| Kuchenset | 169 | Kuhglocke | 182 |
| Lampion | 145 | Musik-Stuhl | 184 |
| Malen mit Pflanzen | 18 | Pet-Rassel | 177 |
| Marmorieren | 17 | Rollen-Rassel | 176 |
| Murmeln | 55 | Samba-Rassel | 177 |
| Naturfarben für Finger, Pinsel | 19 | Schmirgelfeger | 179 |
| Piratentuch | 160 | Soblu-Samba | 180 |
| Rubbelbilder | 55 | Tamburin | 183 |
| Schmetterling | 144 | Tamburin (Kartonteller) | 175 |
| Schminke | 16 | Triangel | 182 |
| Schnee im Farbkleid | 99 | Tuthorn | 176 |
| Schneestürme | 103 | Wassermusik | 178 |
| Seidentüchlein | 161 | Xylophon-Girlande | 183 |
| Seifenflocken-Schnee | 103 | | |
| Seifenmousse | 24 | | |
| Sonnenhut | 160 | **Pflanzen** | |
| Stoff sprayen | 57 | | |
| Strassenkreiden | 9 | Blumentöpfe | 124 |
| Strassenmalerei | 142 | Eierkartongärtchen | 59 |
| Tupfenbilder | 54 | Feuerbohne | 124 |
| Zauberbilder | 54 | Frühlingsland | 122 |
| Zauberschmetterlinge | 144 | Gartenraupe | 141 |
| Zuckerkreide | 10 | Hyazinthenglas | 156 |

Inhaltsverzeichnis nach Themen (Fortsetzung)

| Thema | Seite | Thema | Seite |
|---|---|---|---|
| Karotten-Gärtchen | 59 | Fischerspiel | 193 |
| Vogelfutter-Gärtchen | 123 | Geisterballon | 68 |
| | | Gemüsekorb | 190 |
| | | Geräuschspielball | 68 |
| **Rollenspiele** | | Handpuppe | 47 |
| | | Juhee der erste Schnee | 102 |
| Clown-Nasen | 44 | Klapperschlange | 192 |
| Clown-Schuhe | 44 | Knotenpuppe | 47 |
| Hasenohren | 129 | Kugelbahn | 46 |
| Hüte | 45 | Papier-Portemonnaie | 190 |
| Masken und Larven | 115 | Sandspielzeug | 208 |
| Nasen-Maske | 115 | Schneemonster | 81 |
| Perücken | 189 | Seile | 206 |
| St. Nikolaus | 79 | Socken-Tiere | 191 |
| | | Steckspiel | 198 |
| **Sammeln und Einkaufen** | | **Spüren- Riechen-Hören-Sehen** | |
| Collage-Material | 33 | Duftsäckchen | 51 |
| Dezembereinkauf | 79 | Eisstern | 100 |
| Frühlingserwachen | 119 | Farbbrillen | 52 |
| Herbstzeit | 69 | Farbfenster | 52 |
| Ostereinkauf | 129 | Feuervogel | 70 |
| Pflanzenpresse | 69 | Flaschenzauber | 153 |
| Sommer-Naturmaterial | 137 | Geburtstagskerze | 164 |
| | | Geburtstagsland | 172 |
| **Spielen** | | Geburtstagslied | 164 |
| | | Gewürz-Collagen | 51 |
| Ballonkind | 165 | Giftsuppe | 139 |
| Bauklötze - Bausteine | 207 | Gruselschachtel | 200 |

| Thema | Seite | Thema | Seite |
|---|---|---|---|
| Hand- oder Fussabdruck | 162 | **Weben - Auffädeln - Stecken** | |
| Heukissen | 146 | | |
| Kerzenschiffchen | 172 | Adventsband | 83 |
| Knallbüchse | 170 | Adventsgesteck | 84 |
| Knet-Eier | 197 | Blumenwiese | 125 |
| Lieber Schneemann | 98 | Engel im Schneekleid | 104 |
| Lieblingsbaum | 120 | Fetzchenkranz | 114 |
| Mini-Puzzle | 195 | Halsketten | 42 |
| Riechschachtel | 51 | Kronen | 43 |
| Rosenparfüm | 147 | Laubkrone | 72 |
| Rüsseltier | 194 | Osterhuhn | 132 |
| Schnecken | 121 | Riesen-Schneeflocke | 104 |
| Schnee kochen | 99 | Sonnenrad | 38 |
| Schneekugel | 155 | Weben | 37 |
| Seifenblasen | 25 | Zauberberg | 82 |
| Seifenblasen einfangen | 53 | | |
| Sinnesstrasse | 49 | | |
| Steinzeit | 41 | | |
| Tätsch-Bumm | 171 | | |
| Tast-Puzzle | 195 | | |
| Tastschachtel | 196 | | |
| Tastspektakel | 196 | | |
| Ton und Wasser | 50 | | |
| Träumchenschachtel | 200 | | |
| Wasserspiele | 140 | | |
| Weihnachts-Potpourri | 87 | | |
| Wetterröhren | 52 | | |
| Windrädchen | 71 | | |
| Winter und Schnee | 97 | | |
| Wirbelwind-Schachtel | 199 | | |
| Zauberglas | 154 | | |